Die neue Bayrische Küche

Profi-Geheimnisse & Lieblingsrezepte

FLORIAN LECHNER

blv

Inhalt

Vorwort 7
Von Kochkunst und Gastfreundschaft 12
Bayrische Lebensart 15

   Bayrische Küchengeschichte 16
   Das bayrische Küchenjahr 20
   Bayrische Spezialitäten 30

Küchenbasics: Grundrezepte 37
Brotzeiten & Salate 51
Suppen 71
Bayrisch vegetarisch 93
Beilagen 111
Fisch 135
Fleisch 151
Desserts 205
Backen 229

   Register und Rezeptverzeichnis 252
   Eine kleine Warenkunde 254
   Über den Autor 255

»Wir dürfen unsere Wurzeln nicht vergessen!«

Liebe Leserinnen und Leser,

mein Name ist Florian Lechner, Gastronom und Küchenchef vom Restaurant »Moarwirt« im oberbayrischen Hechenberg und vom »Café Nymphenburg Sekt« auf dem Münchner Viktualienmarkt. Und ich freue mich, dass ich Ihnen in diesem Kochbuch meine »neue« bayrische Küche vorstellen darf!

Ich bin gebürtiger Münchner, habe in meiner Kindheit aber auch viel Zeit auf dem Bauernhof meiner Großeltern im Chiemgau verbracht und dort Erfahrungen gemacht, die mich kulinarisch tief geprägt haben. Die bodenständigen bayrischen Gerichte, die meine Oma mir gekocht hat, begleiten mich mein ganzes Leben lang. Weil ich sie als Kind selber gegessen und erlebt habe, sind sie sozusagen bei mir im »Hinterstüberl« gespeichert und ich kann sie immer abrufen. So ist zum Beispiel nicht umsonst das fast in Vergessenheit geratene Liebstöckel mein »Lieblingskraut«. Das kenne ich eben aus Omas Garten, denn sie hatte ein fünf Quadratmeter großes Beet nur mit Liebstöckel! Natürlich nutze ich Liebstöckel ganz klassisch als Suppen- und Saucenwürze – ich gehe aber noch einen Schritt weiter und mache daraus auch ein Rahmeis und Tiramisu. Da rätseln die Gäste zwar häufig erst, was das wohl sein könnte – aber dann sind sie absolut begeistert!

Ich bin eigentlich immer auf der Suche nach guten »alten« Zutaten – so habe ich gerade den einheimischen weißen Paprika und die weiße Bete wiederentdeckt. Ein befreundeter Bauer, der auch auf dem Viktualienmarkt einen kleinen Stand hat, baut diese ursprünglichen, jetzt aber fast schon »modernen« Gemüse extra für mich an. Ich möchte auch selber Gemüse anbauen, am liebsten rund um den »Moarwirt«. Den Anfang habe ich mit 30 selbst gezogenen Muskatkürbissen gemacht und Sie können mir glauben: Damit hat das Kochen noch einmal so viel Spaß gemacht … Für meine Familie bin ich deshalb auch gerade auf der Suche nach einem kleinen Bauernhof. Mein Sohn Vincent, der schon zur Schule geht, und mein zweiter Sohn, der im August auf die Welt kommt, sollen mit der Natur aufwachsen und auch solche nachhaltigen Erfahrungen machen dürfen, wie ich sie in meiner Kindheit hatte.

Kinder liegen mir übrigens besonders am Herzen – nicht nur meine eigenen. Bei uns im »Moarwirt« haben wir eine große Kinderecke und einen Spielplatz mit kleiner Burg und Fußballplatz. Und natürlich eine spezielle Kinderkarte.

»Wir dürfen unsere Wurzeln nicht vergessen!«

Oben: Frische Zutaten – am liebsten aus dem eigenen Garten – sind die Grundlage für ein gelungenes Gericht.

Ich möchte auch noch ein Kinder-Kino anbieten, wo wir dann Kinderfilm-Klassiker zeigen, solche wie »Krieg der Knöpfe«, einer meiner absoluten Lieblingsfilme. Und meine Mitarbeiter werden alle von mir persönlich für den Umgang mit unseren jungen Gästen geschult.

Das Wichtigste beim Kochen ist für mich die gute Qualität der Produkte – und ich lege großen Wert darauf, dass ein Produkt nach dem Kochen immer noch erkennbar und schmeckbar ist. Auch wenn man immer die bestmöglichen Produkte möchte, muss man als Gastronom natürlich auch wirtschaftlich denken. Für mich heißt das zum Beispiel, dass »nur Bio« nicht geht. Natürlich versuche ich möglichst viele ökologisch erzeugte Produkte zu verwenden. Aber mir ist es zum Beispiel lieber, Enten aus der Region zu kaufen, als Bio-Enten aus Dänemark.

Das Produkt und die Erzeugung müssen stimmen: Das ist der rote Faden und die Basis meiner Küchenphilosophie!

Für mich müssen deshalb auch die Lieferanten »passen«, menschlich und von ihrer Einstellung zu den von ihnen erzeugten Lebensmitteln. So sind schon viele richtige Freundschaften entstanden. Meine Familie und meine

Oben: Das Produkt muss stimmen – ob beim Rotwein, beim Gemüse oder beim Olivenöl.

Küchenmannschaft sind begeistert, wenn unser Südtiroler Winzer uns mit Frau und Kind besucht und im »Moarwirt« ein paar Tage Urlaub macht. Ich nehme mir viel Zeit, um gute Produkte von »guten« Erzeugern zu finden – denn nur so kann ich auch wirklich »gut« kochen!

Vor zwölf Jahren bin ich genau wegen dieses Qualitätsdenkens aus der Stadt aufs Land gegangen. Mittlerweile ist die Idee des guten Produktes auch bei den Städtern angekommen und ich plane mit einem langjährigen Geschäftspartner ein neues Lokal, in dem ich die »Ehrlichkeit des Landes« in die Stadt bringen möchte.

Ich habe schon mit 13 Jahren gewusst, dass ich Koch werden möchte. Damals gab es eine Fernsehserie, in der ein junger Mann gegen den Willen der Eltern beschlossen hatte, in einem französischen Lokal kochen zu lernen – genau das wollte ich auch! So habe ich schon während der Schulzeit beinahe täglich am Nachmittag in einem benachbarten Café ausgeholfen und in der Realschule den hauswirtschaftlichen Zweig gewählt (auch wenn mich meine Mitschüler ausgelacht haben – damals war Koch nämlich noch kein »cooler« Beruf). Dann kam die Lehre bei »Käfer« in München mit vielen Lehrmeistern aus der Sternegastronomie.

»Wir dürfen unsere Wurzeln nicht vergessen!«

Heute, nach vielen Jahren Küchen- und Gastronomieerfahrung, möchte ich, dass sich die Menschen daheim wieder fragen: »Was koche ich denn da eigentlich?« Dass sie Essen wieder wertschätzen, nicht nur nebenbei konsumieren – und sich zum Beispiel einfach einmal ganz bewusst hinsetzen, um eine Tafel wunderbare Schokolade auch wirklich zu genießen.

Ich plädiere dafür, lieber nur einmal in der Woche Fleisch zu essen, dann aber ein Stück von bester Qualität. Ich wünsche mir, dass sich die Menschen beim Kochen wieder Zeit nehmen – zum Beispiel für richtig gute Saucen, die davon leben, dass das Fleisch schön langsam dunkelbraun angebraten wird, um so ein wunderbares Röstaroma zu erhalten. Ich würde mich freuen über mehr Fantasie und Mut beim Kochen – zum Beispiel mal Semmelknödel aus dem persönlichen »Lieblingsbrot«, um so den sensationellen Unterschied zu altbackenem Supermarkt-Knödelbrot zu erkennen. Oder einfach mal Neues und Altes kombinieren – wie bei einem Pesto aus Radieschenblättern.

Ich selber bin ein Fan von richtig guten, klassischen Wiener Schnitzeln, liebe die alpenländische und ganz speziell die Südtiroler Küche und kann mit allem »Verschnörkeltem« auf dem Teller nichts anfangen. Das weiß natürlich auch mein Küchenteam, mit dem ich seit über acht Jahren äußerst harmonisch zusammenarbeite. Hier gibt es keinen »Küchenchef«, denn jeder hat seinen Platz, trägt Verantwortung und weiß einfach, was zu tun ist. Selbst im größten Stress gibt es bei uns deshalb keine »Rumbrüllerei«. Ich bin eben einfach kein Mensch für Hierarchien, auch nicht für Listen und Pläne – auch damit müssen meine Mitarbeiter klarkommen …

Neben meiner Kochleidenschaft brauche ich natürlich auch noch Zeit für meine Familie (glücklicherweise unterstützt mich meine Frau auch beruflich) und meine anderen »Passionen«: Kunst, Fotografie, alte Autos und Uhren. Wenn ich von meinem täglichen Besuch im Münchner Bistro durch das Isartal nach Hechenberg zurückfahre, freue ich mich jedes Mal wieder darüber, an zwei so wunderschönen Plätzen wie dem Münchner Viktualienmarkt und dem über der Isar mit einem sensationellen Blick in die Berge gelegenen »Moarwirt« leben und arbeiten zu dürfen.

Ich würde mich freuen, wenn Sie uns einmal besuchen kommen – so lange wünsche ich Ihnen viel Vergnügen beim Nachkochen meiner »neuen« bayrischen Rezepte und guten Appetit beim Schlemmen und Genießen …

Servus und alles Gute!
Ihr Florian Lechner

Von Kochkunst und Gastfreundschaft

Wer auf der Landstraße von München aus Richtung Bad Tölz fährt, sollte aufmerksam sein und unbedingt auf den linker Hand stehenden Wegweiser zum »Moarwirt« achten. Denn das Vorbeifahren würde man sicherlich bereuen – erwartet einen doch in dem netten, auf einem Voralpenhügel gelegenen Dorf Hechenberg eine wunderbare kulinarische Überraschung.

Hier, eben im »Moarwirt«, residiert Florian Lechner mit seinen Partnern Aissatou Dramé, Michael Günster und seiner »Saurüsselbande«. Und wir garantieren: Wer einmal hier war, kommt sicher wieder! Denn abgesehen von dem gemütlichen Wirtshaus, feinstem bayrischen Essen und freundlichster Bedienung hat man hier im urigen Wirts- und Biergarten einen der schönsten Ausblicke in die bayrischen Alpen – wenn denn das Wetter mitspielt … Allerdings kann man auch einfach gleich hier übernachten, um auf die Sonne zu warten und derweil die gute Küche zu genießen. Gekocht wird bayrisch mit einem guten Schuss Kreativität, das heißt, bodenständige Gerichte bleiben, was sie sind, werden aber ein bisschen leichter und moderner und dazu auch mal äußerst pfiffig präsentiert – alles nach den Grundsätzen von Florian Lechners »neuer« bayrischer Küche. So schmort das »Böfflamott« in feinem Barolo, Risotto gibt's mal bayrisch mit Latschenkiefern, den Kaiserschmarrn kann man auch »lactosefrei« bekommen, das Backhendl wird auf einem Heubett serviert und die Preiselbeeren zum Schnitzel befinden sich nicht in einem Schälchen, sondern in einer sehr dekorativen Dose. Zwischen den Gästen wuselt gute Stimmung verbreitend Sissi, die Berner Sennenhündin, die ansonsten auf ihrem Stammplatz am Empfang die Gäste erwartet und auch schon mal zum Tisch begleitet. Und wer Lust hat aufs Selberkochen und Ausprobieren, kann im »Moarwirt« auch Kochkurse besuchen, um Florian Lechners feiner Kochkunst auf die Spur zu kommen.

Damit ihm die Arbeit nicht ausgeht, hat sich Florian Lechner auch noch in München niedergelassen – ganz klassisch direkt auf dem Viktualienmarkt. Hier, im traditionsreichen »Café Nymphenburg Sekt«, serviert er seine kreativen bayrischen Schmankerl, natürlich alle hausgemacht und häufig in Bio-Qualität – von der Kartoffelsupp'n bis zum Käskuchen. Und es ist ein wunderbarer Ort, um das rege Treiben auf dem Markt zu beobachten und nebenher die Kochkunst und die Gastfreundschaft von Florian Lechner und seinem Team zu genießen …

Rechts: Der Biergarten im »Moarwirt« lädt mit lauschigen Plätzen unter Kastanien und Blick in die Berge zum Verweilen und Genießen ein.

Bayrische Lebensart

»Leben und leben lassen« – so heißt das weiß-blaue Motto für wahre Lebenskunst. Es steht für Toleranz und Großzügigkeit im menschlichen Miteinander – und natürlich für Genuss, Gemütlichkeit und »Spaß an der Freud'«! Kein Wunder also, dass bayrische Kochkunst und Gastlichkeit auch weit über die Grenzen des Weißwurst-Äquators hinaus berühmt und beliebt sind …

Bayrische Lebensart

Bayrische Küchengeschichte

Um die »neue« bayrische Küche wirklich richtig zu verstehen, muss man ein bisschen zurückgehen zu den Ursprüngen der heute oft weit über die weiß-blauen Grenzen hinaus beliebten bayrischen Gerichte – zur altbayrischen Bauernküche, die einfach, kräftig und ohne Schnörkel war und deren bodenständige Zutaten jetzt wiederentdeckt werden.

Bauernküche und Bürgerspeisen

Gekocht wurde mit den Zutaten, die es auf dem Hof gab: Butter, Topfen, Käse und allem, was auf dem Feld und im Bauerngarten wuchs – und dreimal im Jahr wurde ein Schwein geschlachtet. Das Fleisch musste zum Aufbewahren gesalzen oder geräuchert werden oder man machte Würste daraus. Ihr Geflügel und den größten Teil der Eier aßen die Bauern meist nicht selbst, denn die Bäuerin verkaufte sie auf dem Markt und hatte so ihr »eigenes« Geld. Schon im Mittelalter bezahlten die Bäuerinnen den Zoll mit ihren Eiern – um Waren vom Hof in der Stadt verkaufen zu dürfen. Auch der Kaiserschmarrn, der eigentlich »Kaserschmarrn« (vom »Kaser« auf der Alm) heißt, wurde ursprünglich ohne Eier zubereitet. Der Schmarrn war nämlich zunächst ein »Mus«, das sich Holzknechte und Sennerinnen auf der Alm am offenen Feuer zubereiteten. Man benötigte viel Fett und einen Teig aus Wasser, Mehl und Salz, der dann in der Pfanne zerhackt wurde. Der »heutige« Kaiserschmarrn – süß und mit Eiern – ist frisch aus der Pfanne nicht nur auf der Alm eine beliebte Delikatesse!

Schweinsbraten, heute wohl das bayrische Nationalgericht, war als »Bratl« bis vor wenigen Jahrzehnten ein Gericht der bäuerlichen Sonntagsküche. In bürgerlichen und städtischen Häusern aß man Spanferkel, Zicklein, Rind oder Kalbshaxe, wenn's fein sein sollte. Und die »Knöcherlsülz'«, ein bäuerliches Festessen nach dem Schlachten, mit Ohren, Rüssel, Schwänzchen und Füßen vom Schwein, gilt heute im Unterschied zur meist eher langweiligen Bratensülze wieder als »urig und authentisch«. Speisen wie die Sülze mit einem »Deckel« aus gesäuerter, fein gewürzter Brühe haltbar zu machen ist auch heute noch eine beliebte Konservierungsmethode der bayrischen Küche. Der Rinderbraten galt als »Herrenspeise« – alle, die nicht betucht waren, mussten sich mit fettem Kochfleisch, Füßen, Schwanz und Innereien vom Rind zufriedengeben. Auch beim Kalbfleisch gab es »oben und unten«:

Rechts: Bayrische Klassiker sind die Grundlage der »neuen« bayrischen Küche.

Bayrische Küchengeschichte

Kälberfüße waren für die kleinen Leute, während der edlere Kalbskopf auf dem bürgerlichen Sonntagstisch zu finden war.

Am Freitag, dem katholischen Fastentag, stand bei den meisten Familien eine Mehlspeise auf dem Tisch – und zwar nicht als süße Nachspeise, sondern als nahrhaftes Hauptgericht. So waren Dampfnudeln ein deftiges Essen, das man herzhaft gewürzt als sättigende Beilage zum Kraut reichte. Berühmt wurden sie aber als süße Dampfnudeln mit Karamellkruste und Vanillesauce, eine Delikatesse, die wegen der teuren Zutaten wie Eier, Zucker, Vanille und Zitrone zunächst nur auf bürgerlichen Tischen zu finden war. Mit dem kostbaren Zucker würzte man auch Gemüse und Salate, eine kulinarische Eigenart, die sich bis heute erhalten hat – Salatsaucen mit Zucker sind echt bayrisch!

Im bäuerlichen »Wurzgarten« wurden Wurzeln wie gelbe Rüben, aber auch Küchenkräuter angebaut, die alle unter den Sammelbegriff »Wurz« fielen. »Exotische« Gewürze wie Muskatblüte, Muskatnuss oder Zitronenschale waren so teuer, dass sie nur in großbürgerlichen Haushalten zum Einsatz kamen.

Unten: Seine frischen Hendl bezieht Florian Lechner auch von den benachbarten Bauernhöfen.

Dafür gab es im Winter nahezu täglich selbst eingelegtes, nach den ersten Nachtfrösten im Herbst geerntetes Kraut. Es war nicht nur günstig und mit den entsprechenden Beilagen sehr sättigend – man wusste auch aus Erfahrung, dass es gut für die Gesundheit war. Das meist von einem umherziehenden Krautschneider mit dem Krauthobel geschnittene Weißkraut wurde von den Bäuerinnen im Fass eingesalzen, mit Wacholderbeeren und Lorbeerblättern gewürzt, dann mit einem Tuch abgedeckt und mit Steinen beschwert.

Bei wohlhabenden Leuten gehörte das »Voressen«, das nach der Suppe serviert wurde, zum täglichen Speiseplan. Auf den Tisch kamen meist Innereien, von eingemachten Kalbskutteln über Kalbsbriesragout bis zu geschmortem Kalbsherz. Und weil das die »feinen« Leute aßen, durften Kalbskutteln bei keiner Bauernhochzeit fehlen. In die tägliche Suppe gut situierter Bürger gehörten Nockerl und Knödel – die Bauern aßen sie in ihrer Hochzeitssuppe. Diese Suppe, eine Rinderbrühe mit Nudeln, kleinen Knödeln und Würsten, wurde als erster Gang bei Bauernhochzeiten serviert. Es folgten eingemachte Kutteln oder ein Ragout, dann kam das in der Brühe gegarte Rindfleisch mit Gemüse und Kren auf den Tisch. Mit verschiedenen Braten endete das Hauptessen, bevor süße Nachspeisen, Kuchen und Torten präsentiert wurden, von denen es so reichlich gab, dass sich die Gäste auch noch etwas für daheim mitnehmen konnten.

Im Übrigen war es in Altbayern früher Brauch, den Tag mit einer Suppe zu beginnen, zum Beispiel einer Milchsuppe mit Brot – oder mit einer »Kaffesupp'n«, also einem Haferl Malzkaffee, in das Brot »gebrockt« wurde. Oder auch mit einer Brotsuppe, wobei die bäuerliche Variante, die »aufg'schmoizene Wassersupp'n« nur aus altem Brot, Knödelwasser und etwas Schweineschmalz bestand – die städtische Variante dagegen schon früh mit Fleischbrühe, Zwiebelringen, Eiern und Rahm verfeinert wurde.

Zur Weihnachtszeit wurde von den Bäuerinnen dann Kletzenbrot gebacken, aus Schwarzbrotteig und getrockneten Birnen, den Kletzen. Vielen gilt das Kletzenbrot auch als bayrischer Vorläufer des Stollens. Am Heiligabend wurde bis zur Christmette gefastet oder zumindest kein Fleisch gegessen. In der Stadt gab es nach der Kirche Heringssalat oder gerösteten Stockfisch, auf dem Land Bratwürste auf Kraut oder die Mettensuppe, eine Fleischbrühe mit Blut- und Leberwürsten. Am Weihnachtstag wurde dann so richtig aufgekocht und Fleisch von Rind bis Ente auf den Tisch gebracht. Zum Dessert gab es häufig den bayrischen Nachspeisen-Klassiker, die »Bayrische Krem«, die als »Crème bavaroise« auf der ganzen Welt auch heute noch geschätzt wird.

Bayrische Lebensart

Das bayrische Küchenjahr

Der Lauf der Jahreszeiten bestimmt auch die kulinarischen Genüsse, die Leibgerichte und Festtagsessen – gerade in Bayern, wo schon in alten Zeiten vor allem kirchliche Festtage, wie Ostern, Mariä Himmelfahrt, Kirchweih und natürlich Weihnachten, ein wunderbarer Anlass waren, um zu feiern und zu genießen. Und bis heute ist das eigentlich auch so geblieben.

Faschingskrapfen und Kräutlsuppe

Nach dem Dreikönigstag am 6. Januar beginnt das neue Jahr eigentlich gleich mit der Faschingssaison und das heißt: Faschingskrapfen sind angesagt! In den Auslagen der Bäckereien und Konditoreien drängen sich die mit Aprikosenkonfitüre (ganz klassisch …), Vanillecreme oder diversen anderen modischen Innereien gefüllten, runden, dick mit Puderzucker bestäubten Krapfen, die anderenorts auch »Berliner Ballen« oder »Berliner Pfannkuchen« heißen. Und als Faschingsscherz wird bei einer Lage selbst gemachter Krapfen auch gerne mal der eine oder andere mit Rasierschaum gefüllt – »a rechte Gaudi« für alle, die nicht reingebissen haben … Faschingskrapfen oder »schmalzige Kiacherl« gibt es bereits seit dem 16. Jahrhundert: Bäuerinnen buken sie für Knechte und Mägde; Klöster und Stadtverwaltungen verteilten an Fasnacht kostenlos Krapfen an alle. Wenn der Fasching am Faschingsdienstag um Mitternacht endet, beginnt die Fastenzeit, die in Bayern kulinarisch-historisch durchaus bemerkenswert ist. »Baptisto carpem« – »Ich taufe dich Karpfen« sollen die Äbte in Bayerns Klöstern nach alter Überlieferung zum Schweinsbraten gesagt haben, wenn den frommen Klosterbrüdern die Fastenzeit gar zu lang wurde. Denn die Mönche und Nonnen in den Klöstern waren recht einfallsreich in Bezug auf Speisen und Getränke, mit denen man die strengen Fastenregeln umgehen konnte: zum Beispiel mit Starkbier, das vor Ostern fließt, mit Fischgerichten und üppigen Mehlspeisen. Der Starkbieranstich auf dem Münchner Nockherberg und das dazugehörige »Politiker-Derblecken« ist mittlerweile ein mediales Großereignis – ganz abgesehen vom wirklich starken, aber natürlich süffigen Starkbier, das auch schon mal g'standne Mannsbilder aus den Schuhen haut.

Die Karwoche läutet das Ende der Fastenzeit ein und am Gründonnerstag gibt es traditionell die »Kräutlsupp'n« mit Kerbel, Sauerampfer, Dill, Petersilie, Schnittlauch und Borretsch – oft ergänzt durch selbst gesammelte zarte Frühlingskräuter wie Brunnenkresse, Löwenzahn und Gänseblümchen.

Rechts: Die Kombination aus traditionell und modern, schlägt sich nicht nur in der Kochkunst von Florian Lechner, sondern auch in der Einrichtung des »Moarwirt« nieder.

Bayrische Lebensart

Am Ostersonntag wird dann zum traditionellen Osterfrühstück geladen – mit in Zwiebelschalen gekochten Eiern, Osterschinken, verschiedenen kalten Braten mit Kren und natürlich mit einem selbst gebackenen Osterfladen. Typisch bayrisch sind auch die mit Puderzucker bestäubten süßen »Osterlämmchen«, die in speziellen Formen gebacken werden. Um den Hals tragen sie ein rotes Band mit einem kleinen Glöckchen und an einem Holzstäbchen steckt eine weiß-gelbe Fahne – alles christliche Ostersymbole.

Wenn dann nach Ostern endlich der Frühling kommt, sprießen schon nach den ersten Tagen mit wärmenden Sonnenstrahlen die »Hopfensprossen«, die ganz klassisch einfach nur in Salzwasser gegart und anschließend in Butter geschwenkt werden. Hopfen ist ein sehr altes Gemüse und lange bevor man entdeckte, das die Blütendolden zum Bierbrauen taugen, wurden bereits die jungen Triebe, eben die Sprossen, gegessen. Heute gelten sie als Delikatesse, denn ihre Ernte ist mühsam – sie müssen wie Spargel mit der Hand aus der Erde geholt werden und das ist für die Hopfenbauern in der Hallertau, Europas größtem Hopfenanbaugebiet, eigentlich nicht lohnend.

Unten links: Erste Notizen für »Die neue Bayrische Küche«.
Unten rechts: Nicht nur das Essen wird im »Moarwirt« selbst gemacht.

Ebenfalls in der Hallertau liegt Schrobenhausen, eines der berühmtesten bayrischen Spargelanbaugebiete. Früher war die Ankunft der köstlichen weißen Stangen auf den Märkten der Auftakt für den kulinarischen Frühling Anfang Mai. Heute beginnt die Ernte durch beheizte und mit Folien abgedeckte Felder immer früher und Spargel aus Portugal und Griechenland ist sowieso schon frühzeitig in jedem Supermarkt zu haben – ebenso wie die Erdbeeren, die aus aller Welt bereits eingeflogen werden, wenn noch Schnee liegt. Trotzdem sollte man es sich nicht entgehen lassen, Ende Mai die ersten, frisch vom Feld gepflückten Erdbeeren direkt aus der Hand zu verspeisen – ein Hochgenuss!

Nur den Rhabarber, der schon früh seine Stängel aus dem Boden streckt, gibt es wohl noch nicht als Importware. Das auch kulinarisch etwas sperrige Halb-Gemüse-halb-Obst muss schließlich vor dem Genuss nicht nur geschält, sondern auch noch gekocht oder gebacken werden. Der erste Rhabarberkuchen des Jahres, frisch vom Blech oder mit süßer Baiserhaube, entschädigt allerdings für alle Mühsal …

Unten: Frühjahrskur der kulinarischen Art: Spargel à la »Moarwirt«.

Bayrische Lebensart

Oben: Im »Moarwirt« werden die Feste gefeiert, wie sie fallen: von Ostern bis Kirchweih, von der Hochzeit bis zur Taufe.

Jetzt gibt es natürlich auch wieder frische heimische Kräuter, und fast vergessene Vertreter ihrer Art wie Pimpinelle, Brennnessel, Gundermann, Schafgarbe oder Sauerampfer sind nicht nur in gehobenen Wirtshausküchen wieder sehr beliebt. Auch Rucola, oder früher einfach Rauke, gibt es in bayrischen Küchen schon seit Jahrhunderten: Sie wurde nämlich von den Bäuerinnen auf der Wiese gesammelt und kam in Salate oder Suppen – der »italienische« Rucola hat also eine fast vergessene bayrische Schwester. Kulinarisch fast ein bisschen sehr präsent ist in den letzten Jahren der Bärlauch, dessen Blätter den Maiglöckchenblättern ähneln (die allerdings giftig sind!) und nach Knoblauch duften und schmecken (kleiner Tipp: Unbedingt mal Anfang Mai auf den Alten Münchner Südfriedhof gehen. Hier haben nämlich nicht nur bis zum Ende des 19. Jahrhunderts alle Münchner Berühmtheiten ihre letzte Ruhestätte gefunden – hier gibt es auch so viel Bärlauch, dass gleich das gesamte Areal unter einer leichten Knoblauch-Duftglocke liegt …). Mittlerweile gibt es im Frühling in ganz Bayern kaum ein Gasthaus, das nicht mindestens Bärlauch-Pesto oder Spargel mit Bärlauch-Butter auf der Karte stehen hat …

Hollerkiacherl und Blaubeeren

Wenn es warm wird, beginnt in Bayern die große Zeit der Bier- und Wirtsgärten, in denen man meist sehr »kommod«, also gemütlich, draußen sitzen, essen und trinken kann. Die Brotzeit (siehe Seite 51) kann man sich natürlich selbst mitbringen – aber es macht auch viel Freude, aufs Land zu fahren und dort einen reschen Schweinsbraten zu essen oder frisch gefangene Renken, Forellen und Saiblinge aus den Seen des bayrischen Voralpenlandes gebraten, geräuchert oder mariniert zu genießen.

Süß duften jetzt auch die Blütendolden des Hollerbusches – und wenn man sie abschneidet, in Teig taucht und ausbäckt, bekommt man echt bayrische, knusprig-süße »Hollerkücherl«. Wer gar am 21. Juni, also an »Sonnwend'« gebackene Holunderblüten isst, soll ein Jahr lang von Fieber, Zahnweh oder sonstigen Zipperlein verschont bleiben. Aus den schwarzen Holunderbeeren wird dann im Spätsommer Hollersaft gemacht, der heiß und mit etwas Honig serviert, im Winter tatsächlich wohltuend Husten und Erkältungen lindert.

Oben: So viele Zutaten wie möglich werden im Garten des »Moarwirt« angebaut und direkt vor dem Genuss frisch geerntet.

Oben: Ein Klassiker des bayrischen Herbstes: der saftige Zwetschgendatschi.

Sommer ist in Bayern natürlich auch Beerenzeit: von Himbeeren bis Brombeeren, von Stachelbeeren bis Heidelbeeren, von roten bis schwarzen Johannisbeeren, nicht zu vergessen natürlich die Preiselbeeren – jetzt kann man sie im Garten selber ernten oder auf dem Markt aus dem reichhaltigen Angebot wählen. »Echte« Waldheidelbeeren oder »Blaubeeren«, die meist aus dem Bayrischen Wald oder der Oberpfalz kommen, machen ihrem Namen übrigens alle Ehre: Sie färben Lippen und Zähne nämlich tiefblau! Und das Preiselbeerkompott wird in Bayern nicht nur zu Wildgerichten, sondern auch zu Rindfleisch und zum Wiener Schnitzel serviert.

Am 15. August, dem Marientag, werden in Bayern traditionell Kräuter geweiht, die von den Bäuerinnen gesammelt und mit Ähren, Blumen und Zweigen zu Büscheln gebunden wurden. Die gesegneten Augustkräuter stellt man zum Schutz des Heims in der Stube in den Herrgottswinkel – mit ihnen wird aber auch gekocht. Im Spätsommer ist auch Hochsaison für den Zwetschgendatschi, ein Blechkuchen aus feinem, süßem Hefeteig (seltener auch mal Mürbeteig), der schön dicht und gleichmäßig mit saftigen, entkernten Zwetschgen belegt wird. Ganz frisch aus dem Ofen und mit süßem Schlagrahm serviert, schmeckt er einfach himmlisch!

Kirchweihgans und Schwammerl

Im Frühherbst ist in Bayern »Schwammerlzeit«. Wer sich gut genug auskennt (und von diesen Menschen gibt es in Bayern durchaus einige …), macht sich im Wald gleich selbst auf die Suche nach Reherl und Steinpilzen. Alle anderen gehen einfach auf den Markt, denn auch hier ist das Angebot üppig – wobei die meisten Pilze keine eingeborenen Bayern mehr sind, sondern eher aus Österreich oder Tschechien stammen. Ein äußerst beliebter Klassiker: Rahmschwammerl mit Semmelknödel – so sich im Knödel keine Speckstückchen befinden –, ein wirklich authentisches, vegetarisches bayrisches Essen! Wunderbar harmonieren die frischen Pilze aber auch zu allen Wildgerichten, die im Herbst ebenfalls Hochsaison haben.

Ein absoluter Höhepunkt im bayrischen Jahr ist natürlich das Münchner Oktoberfest, das übrigens immer im September beginnt und für die Einheimischen nicht nur ein Vergnügen ist. Die ganze Stadt ist übervoll mit Touristen aus aller Welt und viele Münchner ziehen es vor, in dieser Zeit Urlaub zu machen – und zwar am besten weit weg! Insgesamt ist es aber eine Riesen-Gaudi und wenn das Wetter mitspielt, macht ein Besuch auf der Wiesn wirklich Spaß. Und Wiesn heißt: gebratene Ochsen am Spieß, resche Hendl, knusprige Brezen, würzige Steckerlfische, Wiesn-Herzerl, Magenbrot und natürlich Wiesnbier. Das größte Volksfest der Welt fand zum ersten Mal 1810 anlässlich der Hochzeit des bayrischen Königs Ludwig I. mit Therese von Sachsen-Hildburghausen statt. Heute strömen Ende September zwei Wochen lang Millionen von Besuchern aus aller Welt hierher, um in den riesigen Bierzelten zu trinken, zu essen und zu feiern. Mittlerweile gibt es aber neben dem großen Spektakel auch noch die »Oide Wiesn«, wo es etwas gemütlicher und traditioneller zugeht.

Kirchweih im Oktober ist in ganz Bayern ein beliebtes Fest, das kirchlich mit Gottesdiensten und Prozessionen, aber auch weltlich mit Kirchweihdulten begangen wird – und mit einem großen, sonntäglichen Kirchweihessen, zu dem gebratene Gänse und Enten, Knödel, Blaukraut, Sellerie- und Rannensalat gehören. Am Tag zuvor gibt's Gansjung in dunkler Mehleinbrenn' und zum süßen Schluss aus'zogene Kirchweihnudeln oder Apfelkiacherl, also dicke, entkernte Apfelscheiben, die, durch Teig gezogen, im schwimmenden Fett ausgebacken und mit Zimtzucker bestreut, gleich warm serviert werden.

Bayrische Lebensart

Blaukraut und Maroni

Im Spätherbst kommt das frische Kraut auf den Markt – von Blaukraut bis Weißkraut. Ins Blaukraut gehört unbedingt Gänse- oder Entenschmalz – zu diesem Geflügel wird es in Bayern nämlich auch gerne serviert. Und beim Weißkraut hat man die Wahl: entweder frisch als Krautsalat oder gemüsig als »Bayrisch' Kraut«, mit fein karamellisiertem Zucker und Weinessig süß-sauer abgeschmeckt. Und natürlich als Sauerkraut, das zu Schweinwürstln, zum Ripperl, zur Haxn und zu frischen Blut- und Leberwürsten gehört. Das bayrische »Krautwickerl« ist auch in anderen Teilen Deutschlands bekannt, hört hier aber eher auf den Namen »Kohlroulade« …

Eine herbstliche Spezialität ist auch der frische Meerrettich, der meist aus Franken kommt. Die braunen, holzigen Stangen werden geschält und das weiße Fruchtfleisch grob gerieben. Klassisch wird der Kren zu gekochtem Rindfleisch, also Tafelspitz oder Tellerfleisch, serviert.

Ein untrügliches Zeichen für den herannahenden Winter sind die Maroniverkäufer, die ihre kleinen Holzhäuschen aufbauen, um dort frisch geröstete, heiße Esskastanien zu verkaufen. Allerdings sind diese Kastanien mehr italienisch als bayrisch – an den Kastanienbäumen in den Biergärten wachsen sie nämlich leider nicht!

Jetzt beginnt auch die Zeit der Christkindlmärkte, die mal mehr, mal weniger traditionell, auf alle Fälle aber immer mit viel Glühwein und Punsch die Adventszeit bereichern. Im Dauerbetrieb sind in der »staaden« Zeit auch die heimischen Backöfen, denn ein Weihnachtsfest ohne selbst gebackene Platzerl ist eigentlich gar keins. Auf den bayrischen Plätzchentellern zeigt sich noch einmal deutlich die aufgeschlossene Internationalität bayrischer Kulinarik – denn hier findet man nicht nur schwäbische Springerle, Nürnberger Elisenlebkuchen, Münchner »Butterbrote« und bayrische »Anislaiberl«, sondern auch österreichische Vanillekipferl und Husarenbusserl, italienische Mandelmakronen, französische Baiserplätzchen und Schweizer Leckerli.

Rechts: Fleisch, Fisch, Süßes – das alles gehört zur »neuen« bayrischen Küche – mit besten Zutaten und in frischen, überraschenden Variationen.

Am Heiligabend wird meist nach Familiensitte und weniger nach Landestradition gegessen: Bei den einen gibt's eine warme Suppe nach der Christmette, die anderen servieren Weißwürst' und bei den Nächsten gibt es bereits die Weihnachtsgans, die traditionell allerdings erst am ersten Weihnachtstag auf den Tisch kommt. Sehr beliebt sind auch Fischgerichte, zum Beispiel der traditionsreiche, »blau« gekochte Karpfen oder ein Heringssalat mit Kartoffeln, roten Rüben und Essiggurken.

# Bayrische Spezialitäten

Viele bayrische Delikatessen kennt man von Moskau bis Paris, von New York bis Tokio: natürlich das berühmte bayrische Bier – aber auch Schweinshaxn, Knödel, Brezn und Co. haben ihren sicheren Platz im kulinarischen Weltkulturerbe und sind bereits »globale« Klassiker.

Leibgerichte aus Schwaben, Franken und der Oberpfalz

Den Oberpfälzern verdankt die bayrische Küche einige ihrer besten Kartoffelrezepte: von Fingernudeln und Kartoffelstritzeln bis zum »Goaßbratl«, bei dem Kartoffeln mit Gewürzen und Wasser im Ofen gegart werden. Viele der Rezepte entstanden aus der Not, denn im 17. und 18. Jahrhundert waren die Menschen hier oft bitterarm und Kartoffeln die Lebensgrundlage.

Feine bayrische Kartoffelgerichte haben aber auch die Franken beigesteuert, zum Beispiel Kartoffelküchel, die man mit am Vortag gekochten Pellkartoffeln, Zwiebeln, Eiern und Speck zubereitet – und natürlich die guten »Nürnberger Klöß'«. Echt »fränkisch« sind auch gebackene Karpfen, denn in Franken werden bereits seit dem 13. Jahrhundert Karpfen gezüchtet. Die Zubereitung der Fische ist dabei äußerst vielfältig und reicht von »Karpfen blau« über Räucherkarpfen bis zu Karpfenfilets in Weinsauce. Ein bedeutender kulinarisch-fränkischer Beitrag sind neben den Nürnberger Rostbratwürstchen auch die »blauen« oder »sauren Zipfel«, also Nürnberger Bratwürste (aber eben keine Rostbratwürstchen), die in fein gewürztem Essigsud gegart werden. Und ohne den fränkischen Meerrettich, den frisch geriebenen Kren, könnte man sich viele bayrische Gerichte gar nicht vorstellen …

Aus dem schwäbischen Bayern kommen natürlich die Allgäuer Spätzle, die eigentlich »Knöpfle« sind, also mit einem Spätzlehobel gemacht werden und deshalb klein und rund (und nicht lang und dünn) daherkommen. Die »waschechten« Allgäuer Schwaben schwören übrigens darauf, ihr Leib- und Magengericht unbedingt noch mit etwas Limburger zu verfeinern. Eine kulinarische Delikatesse aus dieser Region sind auch die mit fein gewürztem Brät gefüllten Pfannkuchen, die quer in Scheibchen geschnitten und knusprig gebraten werden, bevor sie als Einlage in eine gute Rindersuppe kommen. Die klassische »Pfannkuchensuppe« ist allerdings keine schwäbische Errungenschaft, sondern ein gesamtbayrisches Kulturgut!

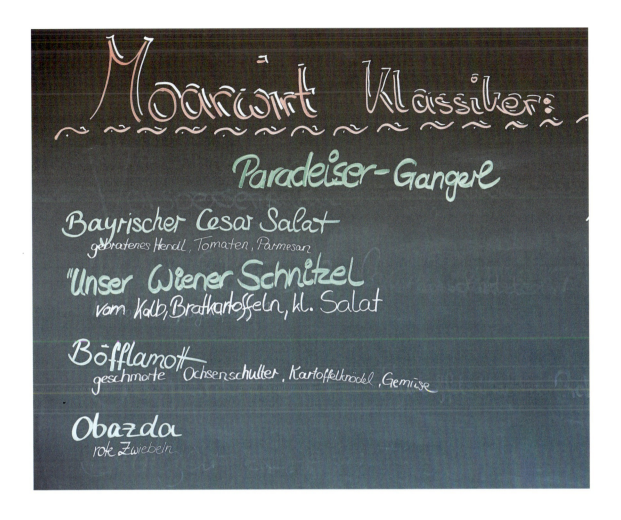

Je eine Prise Italien, Frankreich und Österreich

Auch wenn man es kaum glauben kann, so findet man in alten bayrischen Kochbüchern bereits Gerichte mit Artischocken. Die kamen tatsächlich aus Italien, »dem Land, wo die Zitronen blühen« und zu dem die Bayern auch in früheren Zeiten schon immer eine ganz besondere Beziehung hatten: durch bayrische Adelige mit einem Faible für südliche Schönheiten und bayrische Bildhauer, Maler und Architekten, die in Rom und Florenz studierten. Das erklärt auch, wieso man auch altbayrisch schon mit Salbei, Knoblauch und Zitronen würzte, Grießnockerl nach »Gnocchi-Art« kochte – und München heute ganz folgerichtig als »die nördlichste Stadt Italiens« bezeichnet wird.

»Beschamell« heißt die klassische »Sauce Béchamel« in Bayern – und zeigt ebenso wie das »Böfflamott«, also das »Bœuf à la mode« oder »Schü«, also »Jus«, den wahrscheinlich durch die napoleonische Besatzung ins Land gekommenen, französischen Einfluss auf bayrische Speisen. Die »Beschamell« in der einfachen Fassung ist identisch mit der bayrischen »Einmach«,

Oben: Die Speisekarte im »Moarwirt« zeigt auch die internationalen Einflüsse auf die bayrische Küche.

Oben: Stilvoll, aber nicht perfekt; gemütlich, aber nicht kitschig: Das ist der »Moarwirt«!

also einer Sauce aus in Fett geröstetem Mehl, das mit Brühe, Kochsud oder Milch aufgegossen wird und die Grundlage vieler Suppen und Saucen war.

Eine inzwischen fast vergessene bayrische Leibspeise, saures Lüngerl mit Semmelknödel, ist ein naher Verwandter vom Wiener Beuscherl und man streitet, wer denn wohl von wem abstammt … Von den alpenländischen Nachbarn kommt aber sicher das Tiroler Gröstel, ein Pfannengericht aus gekochten Kartoffeln, gegartem Rindfleisch, Zwiebeln, Kümmel und Ei. Und viele der in Bayern beliebten süßen Mehlspeisen haben ihren Ursprung in Österreich und Böhmen, sind in Bayern aber schnell heimisch geworden und wie der Apfelstrudel hier vom »Wiener« zum »Münchner« geworden!

Würstl

Weltberühmt ist natürlich die Weißwurst, die ja angeblich das Mittagsläuten nicht hören soll (will sagen: Man soll sie frisch essen …). Weißwürste bestellt man stückweise und man isst sie mit mild-süßem, grobkörnigem Senf. Weißwürste kann man »auszuzzeln«, also in die Hand nehmen, zuerst in den Senf tauchen, dann in den Mund stecken und das Wurstbrät aus der Haut lutschen, also »zuzzeln«. Diese Genussform ist zwar klassisch und absolut korrekt, aber nicht Jedermanns Sache. Deshalb hat man auch noch die Möglichkeit, die Wurst einfach der Länge nach einzuschneiden, die Hälften aus der Haut zu schälen und das Wurstbrät dann geschnitten zu verzehren.

Etwas Besonderes und originär Bayrisches sind die Wollwürst', auch »Gschwollene« oder »Nackerte« genannt – sie haben nämlich keine Haut, werden dafür aber beim Braten rundherum schön appetitlich braun. Und natürlich Schweinswürstl: Sie gehören eindeutig zu den bayrischen Leibspeisen, dürfen bei keinem Volksfest fehlen und werden ebenso wie ihre kleineren Verwandten, die Nürnberger Bratwürstl, aus grob zerkleinertem und deftig mit Majoran gewürztem Schweinsbrät hergestellt. Am besten schmecken Schweinswürstl, wenn sie auf dem Rost über offenem Feuer gebraten werden. Dazu gibt's ein würziges Sauerkraut – oder man isst sie ganz einfach in der Semmel!

Brezen, Bier und Brotzeitmachen

Ursprünglich war die Brotzeit in Bayern das zweite Frühstück – aber heute macht man auch am Nachmittag oder abends »Brotzeit«, vor allem an schönen Sommertagen im Biergarten. Und was gehört, neben allerlei kulinarischen »Schmankerln«, unabdingbar zur Brotzeit? Natürlich ein Bier!

Jahrhundertelang war der durch die römische Besatzung ins Land gekommene Wein das bevorzugte Getränk in Bayern (in diesen Zeiten war es der Gesundheit zuliebe durchaus empfehlenswert, Wein statt Wasser zu trinken – Trinkwasser war nämlich häufig derart verunreinigt, dass der Genuss sogar zum Tode führen konnte). Von Südfrankreich über die Pfalz gelangte die Kunst des Weinanbaus in die Maingegend, wo auch heute noch der weltberühmte Frankenwein angebaut wird. Verfeinert wurde die Winzerkunst dann vor allem in den Klöstern, denn: »Weingenuss ist keine Sünde« heißt es in einer Regel des heiligen Benedikt …

Ende des 16. Jahrhunderts löste das Bier den Wein als Volksgetränk ab. Allerdings mussten sich die Biertrinker noch bis in die zweite Hälfte des 19. Jahrhunderts hinein mit einem saisonal bedingten Biermangel und einer schwankenden Geschmacksqualität abfinden. Erst durch den technischen

Bayrische Lebensart

Fortschritt wurde das Bierbrauen »verwissenschaftlicht« und es gab deutlich verbesserte Kühlmöglichkeiten. Das Bier wurde jetzt in den sogenannten »Sommerkellern« oder »Märzenkellern« der Brauereien nicht nur gelagert, sondern in der Salvatorzeit und von Juni bis Ende September in den darüber liegenden »Biergärten« auch gleich ausgeschenkt.

Bier wird in Bayern seit 1516 nach dem Reinheitsgebot gebraut, das Herzog Wilhelm IV. erlassen hat. Das obergärige Weißbier hat mittlerweile seinen Siegeszug durch ganz Deutschland angetreten und ist in Berlin-Mitte inzwischen fast schon so daheim wie in München. Das untergärige Helle wird in Biergärten, im Hofbräuhaus und auf der Wiesn grundsätzlich nur in »Maß'n« ausgeschenkt, also in 1-Liter-Krügen, die heute meist aus Glas sind, ursprünglich aber aus Stein waren, damit das Bier länger kühl blieb (und die bald verboten wurden, weil die Wucht dieser Krüge bei den Wirthausraufereien durchaus auch tödliche Folgen haben konnte).

Sehr beliebt und in den letzten Jahren ebenfalls weit über die Landesgrenzen hinaus bekannt geworden sind die bayrischen Bier-Mix-Getränke wie Radler (Helles mit Zitronenlimonade) oder Russ' (Weißbier mit Zitronenlimonade). Die Starkbiere wie Salvator, Maibock und vor allem natürlich das Oktoberfestmärzen, also das Münchner Wiesnbier, kennt man in der ganzen Welt. Allerdings machen sie mit einer Stammwürze von 18 Prozent (»normale« Biere haben eine Stammwürze von 11 bis 14 Prozent) ihrem Namen alle Ehre und sind nicht zu unterschätzen – auf der Wiesn hat man da nach ein paar Maß' schon viele starke Männer in die Knie gehen sehen …

Die Brezn, das bayrische Nationalgebäck, hat ihren Ursprung möglicherweise im althochdeutschen »brezila« oder »brezitella«, der »Armspange«, und war zunächst ein Fastengebäck. Angeblich entstand die heute bekannte, mit grobkörnigem Salz bestreute »Laugenbreze« durch die Dummheit eines Bäckerlehrlings, der das Wasser zum Befeuchten mit Natronlauge zum Säubern verwechselt haben soll. Als man dann nach dem Backen feststellte, wie gut die »Dummheit« schmeckte, war gleich ein neues Nationalgebäck geboren, das es in groß (für Biergärten und Wiesn) und klein (für den täglichen Genuss) gibt. Allerdings sollten »Preiß'n« auf der Hut sein, wenn sie von einem Einheimischen als »Breznsalzer« tituliert werden …

Rechts: Ein Koch mit Lederhose: Das findet man sicher nur im bayrischen Oberland.

Die Vielfalt der klassischen Semmeln ist natürlich auch in Bayern durch diverse Back-Shops und Aufbäckereien bedroht. Aber noch gibt es sie, die Kaisersemmeln, Mohnweckerl, Maurerloabe oder Pfennigmuckerl, Salzstangerl und Riemische, die zu jeder guten Brotzeit gehören.

Ein echter Klassiker der bayrischen Brotzeitküche ist natürlich der Leberkäs': Man kann ihn gleich heiß und frisch aus dem Ofen, mit süßem Senf und einer frischen Brezn genießen oder einfach in der Semmel essen; man kann ihn kalt in finderdicke Scheiben schneiden und »abgebräunt«, also in der Pfanne gebraten und mit einem »Ochsenaug«, einem Spiegelei, servieren; oder kalt mit Essiggurkerln und Radi verspeisen! Leber findet man jedenfalls keine im »Leber«käs', dafür Brät aus fein gehacktem Schweine- und Rindfleisch, das in der typischen Brotkastenform gebacken wird – und laut historischer Quellen wohl zum ersten Mal vor etwa 200 Jahren von einem Mannheimer Metzger, der im Gefolge Kurfürst Karl Theodors aus der Pfalz nach Bayern kam, kreiert wurde.

Eine echte »Brotzeitfrucht« ist der Rettich, sprich Radi, der geschält, in hauchdünne Scheibchen geschnitten und gesalzen, erst gegessen wird, wenn er »weint«, das heißt, wenn er Wasser zieht und dann nicht mehr so »rass« ist, also weniger Schärfe hat. Natürlich darf auch Käse beim Brotzeitmachen nicht fehlen – Allgäuer Emmentaler oder eine Scheibe Bergkäse und vor allem der »Obatzde«, eine Mischung aus Camembert, der wahlweise mit Butter oder Topfen, Eigelb oder Bier, fein geschnittenen Zwiebeln oder Zwiebelringen und Gewürzen angemacht beziehungsweise »angebatzt« wird.

Küchenbasics: Grundrezepte

Mit den Basics fängt beim Kochen alles an. Wenn man die Basics (Grundrezepte) beherrscht, ist der Grundstein für gutes Kochen gelegt. Sie können sich gerne einen kleinen Genussvorrat anlegen. Nichts macht mehr Spaß als darauf zurückzugreifen und damit dann zu zaubern. Und wer kann heute schon noch Eingemachtes wie selbstgemachte Preiselbeeren, Löwenzahnsirup oder leckere Salzzitronen vorweisen.

Küchenbasics: Grundrezepte

Tomatensauce

Zutaten

500 g frische Tomaten ¦ 500 g Dosentomaten ¦ Salz ¦ Zucker ¦ 1 Gemüsezwiebel (ca. 150 g) ¦ 1 Knoblauchzehe ¦ 30 ml kalt gepresstes Olivenöl ¦ Chiliflocken (nach Belieben) ¦ 3–4 Basilikumzweige ¦ Pfeffer

1 Die frischen Tomaten waschen, vierteln, Kerne und grüne Stielansätze entfernen. Tomatenviertel mit je 1 TL Salz und Zucker in einer Schüssel vermischen und mindestens 30 Minuten ziehen lassen (durch das Marinieren bekommen die Tomaten einen volleren Geschmack).

2 Zwiebel und Knoblauch schälen und fein würfeln. 20 ml Olivenöl erhitzen, Zwiebelwürfel, Knoblauch und je 1 Prise Salz und Zucker zugeben, alles unter Rühren bei kleiner Hitze 3–4 Minuten andünsten. Marinierte Tomaten untermischen und 3–4 Minuten mitdünsten.

3 Dosentomaten hineingeben, mit einer Gabel leicht zerdrücken. Bei kleiner Hitze 50–60 Minuten köcheln lassen, dabei immer wieder umrühren. Chiliflocken (nach Belieben) und Basilikum zugeben, etwa 10 Minuten mitziehen lassen, dann die Basilikumzweige wieder herausnehmen. Das restliche Olivenöl unterrühren und die Sauce noch einmal mit Salz und Pfeffer abschmecken.

Mein Tipp

Kochen Sie sich davon im August oder September einen Vorrat ein – da bekommen Sie die besten Tomaten auf dem Markt.

Basis-Gemüsesuppe

Zutaten

2 Gemüsezwiebeln ¦ 1 kleine Knoblauchzehe ¦ 50 g Butter ¦ 20 g Zucker ¦ Salz ¦ 800 g mehligkochende Kartoffeln ¦ 1 Karotte ¦ 200 ml Weißwein ¦ 1 l Brühe oder Fond (Gemüse-, Hühner-, Rinder- oder Tomatenfond) ¦ 2–3 Liebstöckelzweige ¦ 1 Lorbeerblatt ¦ 1 Stück Bio-Zitronenschale (ca. 5 cm) ¦ Pfeffer ¦ Macis ¦ Gemahlener Kümmel ¦ 200 g Sahne

1 Zwiebeln schälen und grob würfeln. Knoblauch schälen und fein hacken. Butter in einem großen Topf erhitzen, Zwiebelwürfel und Knoblauch mit Zucker und 1–2 Prisen Salz zugeben und unter Rühren bei kleiner Hitze 3–4 Minuten andünsten. Kartoffeln und Karotte schälen, waschen, in feine Würfel schneiden, zu den Zwiebeln geben und 3–4 Minuten unter Rühren bei kleiner Hitze mitdünsten.

2 Weißwein angießen, alles gut vermischen und bei kleiner Hitze einkochen lassen, bis der Wein komplett verdampft ist. Alles mit Brühe oder Fond auffüllen, Liebstöckelzweige, Lorbeerblatt und Zitronenschale zugeben und bei kleiner Hitze 25 Minuten ziehen, aber nicht kochen lassen.

3 Lorbeerblatt, Liebstöckelzweige und Zitronenschale entfernen, alles fein pürieren und mit Salz, Pfeffer, Macis und gemahlenem Kümmel würzen. Sahne untermischen, Suppe kurz aufkochen lassen, dann durch ein feines Sieb in einen zweiten Topf streichen und noch einmal abschmecken.

Ochsenschwanzjus

Zutaten

1,5 kg Ochsenschwanz und andere Knochen vom Kalb oder Ochsen (vom Metzger in Stücke hacken lassen) ¦ 1 EL Pflanzenöl ¦ 1 EL Puderzucker ¦ 1 EL Tomatenmark ¦ 300 ml Rotwein ¦ 1 Zwiebel ¦ 1 Karotte ¦ 150 g Knollensellerie ¦ 2,5 l Kalbsfond (oder leicht gesalzene Geflügelbrühe) ¦ 1 Lorbeerblatt ¦ 2 Knoblauchzehen ¦ 1 TL Pfefferkörner

1 Backofen auf 200 °C vorheizen. Backblech mit Öl einfetten, Ochsenschwanz und Knochen darauf verteilen, alles auf der mittleren Schiene im vorgeheizten Ofen 30 Minuten braten.

2 Puderzucker in einem Topf hellbraun karamellisieren lassen, gebräunte Knochen, Tomatenmark und 100 ml Rotwein zugeben, alles gut vermischen und bei mittlerer Hitze einkochen lassen, bis der Rotwein fast vollständig verdampft ist. Diesen Vorgang wiederholen, bis der ganze Rotwein verbraucht ist.

3 Zwiebel, Karotte und Sellerie schälen und grob würfeln. Gemüse zugeben, Kalbsfond angießen und alles bei kleiner Hitze etwa 60 Minuten köcheln lassen, dabei nach 45 Minuten das Lorbeerblatt, die ungeschälten Knoblauchzehen und die Pfefferkörner zugeben.

4 Sauce durch ein mit einem Mulltuch ausgelegtes Sieb in einen zweiten Topf abgießen, wieder auf den Herd stellen und alles bei kleiner Hitze 15–20 Minuten einkochen lassen.

Mein Tipp

Je mehr Ochsenschwanz Sie verwenden, desto kräftiger wird die Sauce.

Rinderbrühe

Zutaten

1,5 kg Rindersuppenfleisch (am besten Wade vom Ochsen) ¦ 2 große Bauernhendl-Keulen ¦ 2 EL Pflanzenöl ¦ 2 Zwiebeln ¦ 1 Nelke ¦ 2 Lorbeerblätter ¦ 1 TL weiße Pfefferkörner ¦ 1 Scheibe frischer Ingwer (ca. 1 cm) ¦ 1 Bund Suppengemüse (Lauch, Knollensellerie, Karotte) ¦ 1 Karotte ¦ 3 Eiweiß ¦ 300 g Rinderhackfleisch ¦ Salz ¦ Pfeffer ¦ ½ Bund Liebstöckel

1 Suppenfleisch waschen, trocknen und in walnussgroße Stücke schneiden. Hähnchenkeulen waschen, trocken tupfen. Öl in einer großen Pfanne erhitzen, Hendlkeulen und Suppenfleisch darin bei mittlerer Hitze rundherum anbraten. Das Fleisch in einen großen Topf geben, alles mit 5 Litern kaltem Wasser auffüllen und aufkochen lassen.

2 1 Zwiebel halbieren, Zwiebelhälften mit Nelke und Lorbeerblättern spicken, mit den Pfefferkörnern und der ungeschälten Ingwerscheibe zum Fleisch geben, alles bei kleiner Hitze etwa 60 Minuten köcheln lassen. Suppengemüse putzen, waschen, fein würfeln, zur Brühe geben und alles noch einmal 60 Minuten köcheln lassen.

3 Brühe durch ein Sieb in einen zweiten Topf gießen, wieder auf den Herd stellen und auf etwa 1 ½ Liter einkochen lassen, vom Herd nehmen und abkühlen lassen. Dann für mindestens 2–3 Stunden kalt stellen, sodass sich eine feste Fettschicht bildet, die man leicht entfernen kann.

4 Die zweite Zwiebel und die Karotte schälen und fein würfeln, mit Eiweiß und Hackfleisch in einer Schüssel gut vermischen, alles mit Salz und Pfeffer würzen. Hackfleisch-Mix und Liebstöckelzweige zum Klären in die kalte, entfettete Brühe geben und alles langsam unter Rühren erhitzen, bis sich eine graue, zusammenhängende Schicht auf der Oberfläche gebildet hat. Suppe bei kleiner Hitze ohne Rühren noch weitere 30 Minuten ziehen lassen. Vom Herd nehmen und durch ein großes, mit einem Mulltuch ausgelegtes Sieb vorsichtig in einen zweiten Topf abgießen.

Geflügelfond

Zutaten

2 Bio-Hähnchen ¦ ¼ Knollensellerie ¦ 1 Stange Lauch ¦ 3 Tomaten (ca. 250 g) ¦ 80 g Champignons ¦ 1 weiße Gemüsezwiebel ¦ 2 Knoblauchzehen ¦ 4 EL Olivenöl ¦ 100 ml Weißwein ¦ Salz ¦ Zucker ¦ 1 Stück Bio-Zitronenschale (ca. 5 cm) ¦ 2 Zweige Liebstöckel ¦ 2 Lorbeerblätter

1 Hähnchen waschen, trocken tupfen, der Länge nach halbieren, Brustfilets und Keulen auslösen. Sellerie schälen, grob würfeln. Lauch putzen, waschen, quer in Stücke schneiden. Tomaten waschen, vierteln, Stielansätze entfernen. Champignons putzen, Gemüsezwiebel schälen, längs in Spalten schneiden, Knoblauchzehen schälen.

2 2 EL Olivenöl in einem großen Topf erhitzen, Sellerie, Lauch, Champignons, Zwiebelspalten und Knoblauch zugeben, alles unter Rühren 3–4 Minuten andünsten. Tomaten untermischen, Weißwein angießen, alles mit 2–3 Prisen Salz und Zucker würzen und bei kleiner Hitze 5–6 Minuten köcheln lassen.

3 Restliches Olivenöl in einer großen Pfanne erhitzen und Hähnchenhälften (ohne Filets) und Keulen bei mittlerer Hitze 4–5 Minuten anbraten. Die angebratenen Hähnchenteile zum Gemüse geben, alles mit 4–5 Litern kaltem Wasser aufgießen, bis das Fleisch bedeckt ist. Mit 3–4 Prisen Salz würzen und einmal aufkochen lassen. Den entstandenen Schaum abschöpfen, Brühe bei mittlerer Hitze ohne Deckel 1 ½ Stunden köcheln lassen, dabei immer wieder den entstehenden Schaum entfernen. Zitronenschale, Liebstöckelzweige und Lorbeerblätter zugeben, alles weitere 30 Minuten köcheln lassen. Fond durch ein Sieb mit Passiertuch in einen Topf gießen, Brühe mit Salz abschmecken.

Salzzitronen

Zutaten

Für 1 Glas mit 3–5 l
10 Amalfi-Zitronen ¦ 500 g grobes Meersalz

1 Zitronen heiß abwaschen, mit Küchenpapier trocknen. Jede Zitrone mit einem kleinen Küchenmesser der Länge nach vier- bis fünfmal bis zum Fruchtfleisch so einschneiden, dass die Zitronen noch zusammenhalten. Eingeschnittene Zitronen leicht auseinanderdrücken, Schlitze mit grobem Meersalz füllen.

2 Ein großes Einmachglas heiß ausspülen und trocknen, eine etwa 2 cm dicke Schicht grobes Meersalz einfüllen und die mit Meersalz gefüllten Zitronen darauf schichten. Restliches Meersalz auf den Zitronen verteilen, dann so viel heißes Wasser angießen, bis die Zitronen bedeckt sind.

3 Alles gut verschließen und die Salzzitronen an einem kühlen, dunklen und trockenen Ort mindestens 4 Wochen durchziehen lassen.

Mein Tipp

Ich verwende die Salzzitronen für Suppen, Dressings und Saucen, würze aber auch manchmal ganz »dezent« süße Desserts damit!

Küchenbasics: Grundrezepte

Tomatenfond

Zutaten

1 kg reife Tomaten ¦ 100 g Zucker ¦ Salz ¦
2 Zwiebeln ¦ 3 Karotten ¦ 5 Knoblauchzehen ¦
1 Sellerie ¦ Olivenöl ¦ 2 kg Dosen-Tomaten bester
Qualität (z. B. San Marzano) ¦ 1 EL Pfefferkörner ¦ 2 Lorbeerblätter ¦ Thymian ¦ 100 g Basilikum

1 Die frischen Tomaten in kleine Würfel schneiden, zuckern und salzen. Die Tomaten 30 Minuten ziehen lassen und zur Seite stellen. In der Zwischenzeit das Gemüse schälen und in kleine Würfel schneiden.

2 Das Olivenöl leicht in einem flachen Topf erhitzen und das Gemüse darin anschwitzen. Die Tomaten und Dosentomaten dazugeben und das Ganze 30 Minuten leicht köcheln lassen.

3 Die Gewürze und den Basilikum zugeben und 15 Minuten ziehen lassen. Das Ganze durch ein feines Sieb passieren. Den Tomatenfond kann man in Weckgläser abfüllen und so gut aufbewahren.

Löwenzahndressing

Zutaten

250 g Mayonnaise ¦ 100 g Sahne ¦ 1 EL Dijon-Senf ¦ 2 EL Balsamico bianco ¦ 6 EL Sherryessig ¦ 2 EL Löwenzahnsirup (S. 47) ¦ Salz ¦ Pfeffer

1 Mayonnaise mit Sahne, Senf, Balsamico bianco, Sherryessig und Löwenzahnsirup in eine Schüssel geben. Alles mit einem Schneebesen gründlich vermischen und mit Salz und Pfeffer abschmecken.

Küchenbasics: Grundrezepte

Gemüsefond

Zutaten

3 reife Tomaten ¦ Salz ¦ Zucker ¦ 1 Gemüsezwiebel ¦ 2 Knoblauchzehen ¦ ½ Knollensellerie ¦ 1 Karotte ¦ 1 mehligkochende Kartoffel ¦ ½ Stange Lauch ¦ 1 kleine Fenchelknolle ¦ 40 ml Olivenöl ¦ 100 ml trockener Weißwein ¦ 1 Zweig Liebstöckel ¦ 1 Zweig Petersilie ¦ 1 Lorbeerblatt ¦ ½ TL schwarze Pfefferkörner ¦ Macis ¦ ½ TL gemahlener Kümmel ¦ 1 kleine, getrocknete Chilischote ¦ 1 EL abgeriebene Bio-Zitronenschale

1 Tomaten waschen, mit Küchenpapier trocknen, grob hacken und in einer Schüssel mit je 2–3 Prisen Salz und Zucker bestreuen. Zwiebel, Knoblauchzehen, Sellerie, Karotte und Kartoffel schälen und grob würfeln. Lauch putzen, waschen und in Ringe schneiden, Fenchelknolle putzen, waschen und ebenfalls grob würfeln.

2 Olivenöl in einem großen Topf erhitzen, Gemüse mit je 1 TL Salz und Zucker zugeben, alles gut vermischen und bei mittlerer Hitze unter Rühren 3–4 Minuten andünsten. Weißwein untermischen, alles 5–6 Minuten garen, bis der Weißwein nahezu komplett verkocht ist. Jetzt die marinierten Tomatenwürfel zum restlichen Gemüse geben, 2 Liter Wasser angießen, alles gründlich vermischen und etwa weitere 30 Minuten bei kleiner Hitze köcheln lassen.

3 Gewürze zugeben, alles weitere 30 Minuten bei kleiner Hitze garen. Gemüsefond durch ein mit einem Passiertuch ausgelegtes Sieb in einen zweiten Topf gießen, noch einmal mit Salz abschmecken.

Mein Tipp

Alle Fonds und Dressings können Sie in Einmachgläser füllen und so gut aufbewahren.

Grünes Tomatenconfit

Zutaten

Für 2 Gläser à 750 ml

1 kg grüne Tomaten ¦ 200 g Schalotten ¦
3 EL Olivenöl ¦ 1 Bio-Zitrone ¦ 4 Lorbeerblätter ¦
1 TL zerstoßene Koriandersamen ¦ 350 g Zucker ¦
Meersalz ¦ 100 ml Sherryessig ¦ Pfeffer ¦
1 Stück frischer Ingwer (ca. 2–3 cm, nach Belieben)

1 Schalotten schälen, halbieren und längs in feine Streifen schneiden. Olivenöl in einem Topf erhitzen, Schalottenspalten zugeben und unter Rühren bei kleiner Hitze 3–4 Minuten andünsten.

2 Tomaten waschen, halbieren, Kerne und Stielansätze entfernen, Fruchtfleisch grob würfeln. Zitrone heiß waschen, mit Küchenpapier trocknen, quer in feine Scheiben schneiden. Tomatenstückchen und Zitronenscheiben zu den Schalotten geben und alles weitere 3–4 Minuten unter Rühren dünsten.

3 Zucker, 1 TL Meersalz und Sherryessig zugeben, alles mit frisch gemahlenem Pfeffer würzen und 50–60 Minuten bei kleiner Hitze köcheln lassen.

4 Ingwer quer in feine Scheibchen schneiden und nach Belieben zum Tomatenconfit geben. Das Tomatenconfit noch heiß in saubere Einmachgläser (mit Schraubdeckel) füllen und gleich verschließen.

Mein Tipp
Statt mit Tomaten können Sie das Confit auch mit Marillen, Roter oder Weißer Bete, Rhabarber etc. machen.

Küchenbasics: Grundrezepte

Rotweinschalotten

Zutaten

Für 1 Glas mit 1 l

2 kg Schalotten ¦ 1 Flasche guter, kräftiger Rotwein ¦ 300 g Butter ¦ 120 g brauner Rohrzucker ¦ 30 cl Himbeeressig ¦ 5 EL frisch gepresster Zitronensaft ¦ 12 cl Cassislikör ¦ Salz ¦ Pfeffer

1 Schalotten schälen und fein würfeln. Butter in einem Topf erhitzen, Zwiebelwürfel zugeben und unter Rühren bei kleiner Hitze 3–4 Minuten andünsten. Mit braunem Rohrzucker bestreuen und bei kleiner Hitze karamellisieren lassen. Mit Rotwein ablöschen und einkochen.

2 Himbeeressig, Zitronensaft und Cassislikör angießen und bei mittlerer Hitze köcheln lassen, bis die Zwiebeln weich sind und der Fond leicht dickflüssig ist. Mit Salz und Pfeffer abschmecken.

Preiselbeeren

Zutaten

Für 2 Gläser à 750 ml

1 kg frische Preiselbeeren ¦ 1 Stück frischer Ingwer (ca. 2 cm) ¦ 500 g Zucker ¦ 40 cl Kirschwasser

1 Ingwer schälen und fein reiben. Preiselbeeren, Ingwer und Zucker vermischen und in einer Küchenmaschine 2–3 Stunden auf kleinster Stufe rühren (die Preiselbeeren sind fertig, wenn sich der Zucker komplett aufgelöst hat). Kurz vor Ende der Rührzeit das Kirschwasser zugeben und noch etwa 10 Minuten weiter rühren.

2 Preiselbeeren in saubere Gläser mit Schraubdeckel füllen und gleich verschließen (die Preiselbeeren kann man so bis zu einem Jahr aufheben).

Hollerblütensirup

Zutaten

Für 2 Flaschen à 1 l
Etwa 50 Hollerblüten-Dolden ¦ 2,5 kg Zucker ¦ 3 unbehandelte Zitronen ¦ 20 g Zitronensäure (aus der Apotheke) ¦ Schale einer Bio-Orange

1 Zucker mit 2,5 l Wasser in einem großen Topf aufkochen lassen. Zitronen heiß abwaschen, quer in feine Scheiben schneiden. Zitronenscheiben, Zitronensäure und Orangenschale zur Zuckerlösung geben, alles gut vermischen und auf Zimmertemperatur abkühlen lassen.

2 Hollerblüten-Dolden in ein großes Gefäß (mit Deckel) legen und mit dem lauwarmen Zucker-Zitronen-Mix begießen, bis die Blüten ganz bedeckt sind. Vollständig auskühlen lassen.

3 Das Gefäß mit dem Deckel gut verschließen und alles etwa 14 Tage an einem sonnigen Platz durchziehen lassen, dabei jeden Tag gut umrühren.

4 Dann den Sirup durch ein mit einem Passiertuch ausgelegtes Sieb in einen Topf gießen und alles noch einmal aufkochen. Den heißen Sirup gleich in saubere Flaschen füllen und mit Schraubdeckeln oder mit Korken gut verschließen.

Mein Tipp

Wenn Sie den Sirup schnell weiterverarbeiten oder genießen, können Sie etwas frisch gepressten Orangen- oder Zitronensaft hinzufügen. Das ergibt eine wunderbar frische Limonade für heiße Sommertage – und hält sich ungefähr vier Wochen.

Löwenzahnsirup

Zutaten

Für 2 Gläser à 500 ml
Etwa 100 Löwenzahnblüten ¦ 250 ml Marillensaft ¦ 250 ml frisch gepresster Orangensaft ¦ 250 ml frisch gepresster Zitronensaft ¦ ½ Tüte Extra-Gelierzucker (3:1)

1 Löwenzahnblüten in einem Sieb waschen und abtropfen lassen. Säfte und Löwenzahnblüten in einen Topf geben und 10 Minuten bei kleiner Hitze ziehen lassen. Gelierzucker zugeben, alles gut verrühren und weitere 10 Minuten bei kleiner Hitze köcheln lassen.

2 Topf vom Herd nehmen, Löwenzahnsirup durch ein feines Sieb in einen zweiten Topf gießen, die Blüten leicht ausdrücken. Den noch heißen Sirup in saubere Flaschen (mit Schraubdeckel oder Korken) füllen und gleich gut verschließen.

Mein Tipp
Beim Abfüllen den Sirup noch einmal erwärmen, aber keinesfalls kochen lassen, sonst wird der Sirup grau und trüb.

Waldmeistersirup

Zutaten

Für 2 Gläser à 1 l
2 kg Waldmeister ¦ 3 unbehandelte Zitronen ¦ 1,25 kg Zucker ¦ 45 g Zitronensäure (aus der Apotheke) ¦ 1 Tonkabohne

1 Waldmeisterzweige waschen, trocken schütteln und in ein großes, verschließbares Gefäß legen. Zitronen heiß abwaschen, trocknen, quer in feine Scheiben schneiden. 2,5 l Wasser mit dem Zucker in einem großen Topf aufkochen lassen, bis der Zucker geschmolzen ist.

2 Zitronenscheiben, Zitronensäure und die geriebene Tonkabohne zur Zuckerlösung geben, auf Zimmertemperatur abkühlen lassen. Den Sirup über den Waldmeister gießen, das Gefäß verschließen und etwa 14 Tage an einem sonnigen Platz durchziehen lassen, dabei täglich umrühren.

3 Dann den Sirup durch ein mit einem Passiertuch ausgelegtes Sieb in einen zweiten Topf gießen und alles noch einmal aufkochen. Den heißen Sirup gleich in saubere Flaschen füllen und gut verschließen.

Gelungener Sirup

- Der Sirup darf auf keinen Fall zu heiß sein, sonst verbrennen die Blüten beziehungsweise die Kräuter.
- Wichtig ist, dass Sie den Sirup täglich umrühren.
- Wir beim »Moarwirt« wechseln alle drei Tage die Hollerblüten, so wird der Sirup kräftiger.

Küchenbasics: Grundrezepte

Knuspermüsli

Zutaten

Für 4 Gläser à 800 ml

250 g Honig ¦ 50 ml Sonnenblumenöl ¦ 30 ml naturtrüber Bio-Apfelsaft ¦ 500 g kernige Haferflocken ¦ 100 g Sonnenblumenkerne ¦ 100 g Kürbiskerne ¦ 25 g Sesamsaat ¦ 25 g Leinsamen ¦ 25 g Weizenkleie ¦ 125 g gemischte Nüsse (Walnüsse, Haselnüsse, Mandeln, Cashewkerne, nach Belieben) ¦ 100 g Cornflakes ¦ Salz ¦ Gemahlener Zimt ¦ Getrocknete Früchte nach Geschmack (z. B. Gojibeeren, Cranberries, Bananenchips, Kokoschips, nach Belieben)

1 Den Backofen auf 120 °C vorheizen. Honig, Sonnenblumenöl und Apfelsaft in einem kleinen Topf unter Rühren erhitzen, bis der Honig ganz aufgelöst ist, vom Herd nehmen und beiseitestellen.

2 Haferflocken, Sonnenblumenkerne, Kürbiskerne, Sesamsaat, Leinsamen, Weizenkleie, Nüsse und Cornflakes mit je 1–2 Prisen Salz und Zimt in einer Schüssel gründlich verrühren, dann den warmen Honigsud über die Zutaten geben und alles gut vermischen.

3 Ein Backblech mit Backpapier auslegen, Müslimischung darauf verteilen, alles auf der mittleren Schiene im vorgeheizten Backofen 60 Minuten bei 120 °C trocknen, danach weitere 60 Minuten bei 100 °C. Den Backofen ausschalten und das Müsli noch über Nacht im Ofen lassen.

4 Die getrocknete Müslimischung in eine große Schüssel geben und getrocknete Früchte unterheben. Die Müslimischung in saubere Gläser (mit Schraubdeckel) füllen und gleich verschließen. Das Knuspermüsli hält sich etwa 8 Wochen.

Mangomarmelade

Zutaten

Für 4 Gläser à 500 ml

1 kg reife Mangos ¦ 400 ml Mangosaft ¦ 100 ml Passionsfruchtsaft ¦ 1 Vanilleschote ¦ 10 g frischer Ingwer ¦ 500 g Gelierzucker (1,2,3)

1 Mangos schälen, dann das Fruchtfleisch der Länge nach rundherum von den länglichen Steinen schneiden und grob würfeln. Mangowürfel, beide Saftsorten, das ausgeschabte Vanillemark und den geschälten und fein geriebenen Ingwer in einen großen Topf geben, gut vermischen und einmal aufkochen lassen.

2 Topf vom Herd nehmen, alles fein pürieren. Jetzt den Gelierzucker zugeben und alles noch einmal bei mittlerer Hitze 3–4 Minuten köcheln lassen. Mangomarmelade durch ein feines Sieb in eine Schüssel streichen, noch warm in saubere Gläser (mit Schraubdeckel) füllen und sofort verschließen.

Mein Tipp

Ungeöffnet hält sich die Mangomarmelade etwa 6 Monate – nach dem Öffnen sollte man sie im Kühlschrank aufbewahren.

Erdbeermarmelade

Zutaten

Für 6 Gläser à 500 ml

2 kg reife Erdbeeren ¦ 1 TL Pektin ¦ 8 EL Zucker ¦ 2 EL fein abgeriebene Bio-Orangenschale ¦ 100 ml frisch gepresster Zitronensaft ¦ 2 Vanilleschoten ¦ 800 g Gelierzucker (1,2,3)

1 Erdbeeren putzen, waschen, halbieren oder vierteln und mit Pektin, Zucker und der fein abgeriebenen Orangenschale in einer Schüssel vermischen. Erdbeeren abgedeckt mindestens 60 Minuten durchziehen lassen.

2 Marinierte Erdbeeren mit Zitronensaft und dem ausgeschabten Mark der beiden Vanilleschoten in einen Topf geben und einmal aufkochen lassen. Alles fein pürieren, Gelierzucker zugeben und noch einmal 3 Minuten köcheln lassen. Marmelade durch ein feines Sieb in einen zweiten Topf oder eine Schüssel streichen, noch heiß in saubere Gläser mit Schraubdeckel füllen und gleich verschließen.

Himbeermarmelade

Zutaten

Für 4 Gläser à 500 ml

1,5 kg reife Himbeeren ¦ 1 Scheibe frischer Ingwer (ca. 1 cm) ¦ 1 Tonkabohne ¦ 500 g Gelierzucker (1,2,3)

1 Himbeeren verlesen, in einen großen Topf geben, alles einmal aufkochen lassen. Ingwer schälen und fein reiben.

2 Tonkabohne ebenfalls fein reiben, mit dem Ingwer zu den Himbeeren geben, alles gut vermischen und fein pürieren. Gelierzucker zugeben und noch einmal 3–4 Minuten köcheln lassen.

3 Marmelade durch ein feines Sieb in einen zweiten Topf oder eine Schüssel streichen, noch heiß in saubere Gläser mit Schraubdeckel füllen und gleich verschließen.

Brotzeiten & Salate

Kein Biergarten ohne Brotzeit – die Brotzeit ersetzte bei uns meist das Abendessen; oft gab es eine Schüssel Salat auf den Tisch, selbstgebackenes Brot und alle waren glücklich. Auch heute freue ich mich mehr über eine gute Brotzeit mit Speck, Tomaten, Sauerrahmbutter und bestem Brot als über ein »Sterne-Essen«. Eine Brotzeit ist pure Küche: Einfach das beste Produkt kaufen und genießen.

Bayrischer Obatzda

Zutaten

250 g reifer Brie (oder Camembert) ¦ 100 g Crème fraîche ¦ 100 g Sahnequark ¦ 100 g Schmand ¦ Salz ¦ 1 große Msp. weißer Pfeffer ¦ ½ TL süßes Paprikapulver ¦ 1 große Msp. gemahlener Kümmel ¦ Knoblauchöl (nach Belieben) ¦ Radieschenscheiben, Kapuzinerkresseblüten, Schnittlauch und fein geschnittene rote Zwiebelspalten zum Anrichten (nach Belieben)

1 Brie klein schneiden, in eine Schüssel geben und mit einer Gabel leicht zerdrücken. Crème fraîche, Quark und Schmand untermischen und gründlich verrühren, bis die Masse schön cremig ist.

2 Die Creme mit Salz, weißem Pfeffer, süßem Paprikapulver, gemahlenem Kümmel und einigen Tropfen Knoblauchöl (je nach Belieben) abschmecken.

3 Zum Servieren den Obatzd'n auf Teller verteilen und nach Belieben mit fein gehobelten Radieschenscheiben, Kapuzinerkresseblüten, Schnittlauch und roten Zwiebelspalten anrichten. Dazu passt Bauernbrot oder frische Brezn.

Mein Tipp

Meine Obatzda-Variante ist komplett ohne Butter und wird dadurch cremiger – auch frisch aus dem Kühlschrank ist der Obatzde so schön cremig.

Regensburger Biergartensalat

Zutaten
400 g Regensburger ¦ 1 rote Zwiebel ¦ 1 Bund Radieschen ¦ ½ Salatgurke ¦
8 Kirschtomaten ¦ 1 kleine weiße Zwiebel ¦ 2 EL Sonnenblumenöl ¦
1 EL Zucker ¦ 300 ml Gemüsebrühe ¦ 1–2 TL Dijon-Senf ¦ 3 EL Weißweinessig ¦ 1 Knoblauchzehe ¦ Salz ¦ Pfeffer ¦ 4 EL Schnittlauchröllchen

1 Regensburger häuten, dann quer in feine Scheiben schneiden und in eine Schüssel geben. Rote Zwiebel schälen, halbieren, in feine Streifen schneiden. Radieschen putzen, waschen und quer in Scheibchen schneiden. Salatgurke schälen, längs vierteln, Kerne entfernen, dann die Gurkenviertel quer in kleine Stücke schneiden. Die Kirschtomaten waschen und vierteln, alles zu den Wurstscheiben in die Schüssel geben.

2 Für das Dressing die weiße Zwiebel schälen, halbieren und längs in feine Spalten schneiden. Öl in einem Topf erhitzen, Zwiebelspalten zugeben und 4–5 Minuten bei kleiner Hitze unter Rühren andünsten. Zwiebelspalten mit dem Zucker bestreuen und alles hellbraun karamellisieren lassen.

3 Warme Gemüsebrühe angießen, Senf und Weißweinessig untermischen. Den geschälten und fein gehackten Knoblauch zugeben, alles bei kleiner Hitze 8–10 Minuten köcheln lassen, mit Salz und Pfeffer abschmecken.

4 Das Dressing etwas abkühlen lassen, dann lauwarm über den Salat geben. Alles gründlich vermischen und mindestens 10 Minuten durchziehen lassen. Biergartensalat mit Schnittlauchröllchen bestreut servieren.

Mein Tipp
Die kleinen, dicken »Regensburger« sind außerhalb Bayerns nur schwer zu bekommen – für den Wurstsalat kann man deshalb in nördlichen Gefilden auch auf Fleischwurst zurückgreifen.
Für Kinder können Sie einfach mal Wurstsalat vom Wiener Würstchen probieren.

Erdäpfelkas

Zutaten

400 g mehlig- oder vorwiegend festkochende Kartoffeln ¦ Salz ¦ 1 kleine getrocknete Chilischote ¦ 1 EL ganzer Kümmel ¦ 1 Zwiebel ¦ 2 Knoblauchzehen ¦ 2 EL Butter ¦ 1 EL Pflanzenöl ¦ 2 EL frische Kräuter (z. B. Schnittlauch, Petersilie, Liebstöckel und Rucola) ¦ Pfeffer ¦ 150 g Quark (20 % oder 40 % Fett i. Tr.) ¦ 50 g Schmand (oder Crème double) ¦ 1 TL fein abgeriebene Bio-Zitronenschale

1 Kartoffeln schälen, waschen, grob würfeln, in reichlich Salzwasser mit der getrockneten Chilischote und dem Kümmel bei mittlerer Hitze 12–15 Minuten garen. In ein Sieb abgießen, noch einmal zurück in den Topf geben und zugedeckt ausdampfen lassen.

2 Zwiebel und Knoblauch schälen und fein hacken. Butter und Öl in einer Pfanne erhitzen, Zwiebel und Knoblauch zugeben und bei kleiner Hitze 4–5 Minuten unter Rühren andünsten. Vom Herd nehmen und abkühlen lassen. Die Kräuter fein schneiden.

3 Gegarte Kartoffeln zweimal durch die Kartoffelpresse in eine Schüssel drücken. Zwiebel-Knoblauch-Mix, Quark, Schmand, Zitronenschale und Kräuter zugeben, alles gut vermischen und mit Salz und Pfeffer abschmecken.

Mein Tipp

Meine Lieblingskartoffelsorten für den Erdäpfelkäs heißen »Agave« und »Annabelle«!

Knödelsalat

Zutaten

Für den Salat: 500 g gekochte Knödel (z. B. Semmelknödel oder Brennnesselknödel) ¦ 2 rote Zwiebeln ¦ ½ Bund Schnittlauch ¦ Radieschen (nach Belieben)

Für die Vinaigrette: 2 Schalotten ¦ 1 Knoblauchzehe ¦ 4 Radieschen ¦ 6 EL Sonnenblumenöl ¦ 2 TL Puderzucker ¦ 125 ml Gemüsebrühe ¦ 2 TL süßer Senf ¦ 4 EL Rotweinessig ¦ 1 TL Schnittlauch, fein geschnitten ¦ Salz ¦ Pfeffer aus der Mühle

1 Für die Vinaigrette Schalotten und Knoblauch schälen und in feine Würfel schneiden. Die Radieschen waschen, putzen und in feine Würfel schneiden. Das Öl in einem Topf erhitzen, Schalotten und Knoblauch darin weich dünsten, mit dem Puderzucker bestreuen und leicht karamellisieren. Die Schalotten mit der warmen Gemüsebrühe ablösen. Senf und Rotweinessig dazugeben und das Ganze bei niedriger Hitze 10 Minuten kochen lassen, mit Salz und Pfeffer abschmecken. Wenn die Vinaigrette kalt ist, die Radieschenwürfel und den Schnittlauch unterrühren.

2 Die gekochten Knödel in Scheiben oder Würfel schneiden. In eine Schale geben oder auf einen tiefen Teller legen.

3 Zwiebeln schälen und in feine Streifen schneiden und über die Knödel verteilen. Die lauwarme Vinaigrette über die Knödel verteilen, den Schnittlauch fein schneiden und zum Schluss über den Salat streuen. Nach Belieben gewaschene und in Scheiben geschnittene Radieschen zum Salat geben.

Mein Tipp

Diese Vinaigrette können Sie natürlich ganz nach Belieben auch für andere Salate verwenden.

MEIN LIEBLINGSREZEPT

»Cesar«-Salat

Dieser »Cesar«-Salat ist meine Variante: dem Original sehr ähnlich, aber ohne Sardellen. Warum? Jahrelange Erfahrungswerte in der Gastronomie. Die meisten Gäste bestellen: »Bitte ohne Sardellen beziehungsweise Anchovis« – ich übrigens auch!

Zutaten
160 g Holzofenbrot ¦ 25 g Butter ¦ 3 Romanasalatherzen ¦ 160 g Kirschtomaten ¦ 110 g Speck ¦ 1 EL Pflanzenöl ¦ 2 Essiggurken ¦ 10 g Meerrettich, frisch gerieben ¦ ½ TL Wasabi ¦ ½ Knoblauchzehe ¦ 1 EL Dijonsenf ¦ 1 EL süßer Senf ¦ 50 g Parmesan, fein gerieben ¦ 75 g Sahne ¦ 50 ml gutes Olivenöl ¦ Salz ¦ Pfeffer

1 Für die Croûtons das Brot in mundgerechte Stücke schneiden. Butter in einer Pfanne erhitzen und die Brotwürfel darin goldbraun anbraten, danach auf Küchenpapier abtropfen lassen.

2 Den Romanasalat waschen, putzen, trocken schleudern und in mundgerechte Stücke schneiden. Die Kirschtomaten waschen, Stielansätze entfernen und halbieren. Speck in kleine Würfel schneiden, Öl in einer Pfanne erhitzen und den Speck in der Pfanne auslassen. Salat, Kirschtomaten, Croûtons und 100 g Speck mischen.

3 Für das Dressing Essiggurken, Meerrettich, Wasabi, geschälten Knoblauch, Senf, 10 g Speck, Parmesan und Sahne in einen hohen Rührbecher geben, mit dem Stabmixer fein pürieren, dabei nach und nach das Öl angießen, bis eine cremige Sauce entsteht. Dressing mit Salz und Pfeffer abschmecken und über den Salat geben.

Mein Tipp
Sollte das Dressing zu dickflüssig sein, kann man es mit Wasser oder Essiggurkenwasser verdünnen.

Diesen Salat können Sie perfekt vorbereiten und ich kenne keine Frau (und keinen Mann), die »ihn« nicht mag. Mit der Hendlbrust wird er zum Hauptgang. Genauso gut können Sie Filetspitzen oder Backhendl dazu geben.

Hendlbrust

Zutaten
4 Hähnchenbrüste (à 200 g) ¦ 50 g Butter ¦ Salz ¦ 1 Zweig Thymian ¦
1 Zweig Rosmarin

1 Den Backofen auf 80 °C vorheizen. Die Hähnchenbrüste waschen und mit Küchenpapier trocken tupfen. 30 g Butter in einer ofenfesten Pfanne erhitzen und die Hähnchenbrüste salzen und von der Hautseite etwa 3–4 Minuten anbraten. Hähnchenbrust salzen, wenden und von der anderen Seite nochmals 3–4 Minuten anbraten. Die Pfanne in den vorgeheizten Ofen stellen und die Hähnchenbrüste etwa 5–8 Minuten ziehen lassen.

2 Die restliche Butter in einer zweiten Pfanne schmelzen und die Kräuter zugeben. Die Kräuterbutter über die Hähnchenbrüste geben und mit dem »Cesar«-Salat servieren.

Mein Lieblingsrezept: »Cesar«-Salat

Brotzeiten & Salate

Tomate-Mozzarella

Zutaten

350 g gemischte Tomaten (z. B. Datteltomaten, Cocktailtomaten, grüne Tomaten, Ochsenherztomaten) ¦ 150 g Büffel-Mozzarella ¦ Salz ¦ Zucker ¦ 1 kleine rote Zwiebel ¦ Pfeffer ¦ 4 EL Olivenöl ¦ 8 Basilikumblättchen

1 Tomaten waschen, trocknen, Stielansätze entfernen, je nach Größe halbieren oder vierteln, in einer Schüssel mit je 2–3 Prisen Salz und Zucker bestreuen und etwa 10 Minuten ziehen lassen.

2 Mozzarella in größere Stücke zupfen. Zwiebel schälen, halbieren und der Länge nach in feine Streifen schneiden. Marinierte Tomaten, Mozzarellastückchen und Zwiebelstreifen dekorativ auf zwei Tellern anrichten, noch einmal salzen und pfeffern. Alles mit Olivenöl beträufeln und mit den Basilikumblättchen bestreut servieren.

Mein Tipp

Für dieses Gericht sollten Sie nur Olivenöl von bester Qualität nehmen! Das Geheimnis des guten Geschmacks: Durch das Rupfen des Mozzarellas ist die Fläche, mit der das Olivenöl aufgenommen werden kann, deutlich größer und grobporiger. Der Mozzarella saugt sich wie ein Schwamm mit Olivenöl voll.

Gutes Olivenöl

Sie können bei vielen Dingen sparen, aber bitte nicht beim Olivenöl. Achten Sie beim Kauf darauf, dass Sie kalt gepresstes Olivenöl aus einer Sorte Oliven (also kein Cuvée) kaufen. Lagern Sie die geöffnete Flasche im Kühlschrank und stellen diese kurz vor Gebrauch raus – so bleibt die Frische des Öls erhalten. Übrigens, gutes Olivenöl schmeckt bitter und grasig.

Feldsalat mit gebackenen Weißwurstradln

Zutaten

Für den Salat: 150 g Feldsalat ¦ 8 Kirschtomaten ¦ 5 Radieschen
Für das Kartoffeldressing: 400 g mehligkochende Kartoffeln ¦ 500 ml Gemüse-, Geflügel- oder Fleischfond ¦ 2 Schalotten ¦ 100 ml Olivenöl ¦ 50 ml Sahne ¦ 70 ml Sherryessig ¦ Salz ¦ Pfeffer ¦ Chilipulver ¦ 1 TL fein abgeriebene Bio-Zitronenschale
Für die gebackenen Weißwurstradl: 4 Weißwürste ¦ 4 EL süßer Senf ¦ 20 g Meerrettich, frisch gerieben ¦ 100 g Wiener Griessler ¦ 1 Ei ¦ Salz ¦ Pfeffer ¦ 150 g Semmelbrösel (Paniermehl) ¦ Pflanzenöl zum Ausbacken

1 Weißwürste häuten, jede Wurst schräg in drei gleich große Stücke schneiden. Senf und frisch geriebenen Meerrettich in einer Schüssel verrühren, Weißwurststücke zugeben, alles vermischen und mindestens 30 Minuten durchziehen lassen.

2 Für das Dressing die Kartoffeln schälen und im Fond weich kochen. Die Kartoffeln noch warm in der Brühe stampfen. Die Schalotten schälen, würfeln und in 1 EL Olivenöl glasig dünsten und zu den Kartoffeln geben. Das restliche Olivenöl, die Sahne und den Essig zu den Kartoffeln geben und glatt rühren. Mit Salz, Pfeffer, Chili und Zitronenschale abschmecken.

3 Weißwurststücke zuerst in Mehl wenden, danach in verquirltem und mit Salz und Pfeffer gewürztem Ei und anschließend in den Semmelbröseln.

4 Öl in einer Pfanne erhitzen und die Weißwurststücke darin rundherum bei mittlerer Hitze 4–5 Minuten braten, bis sie goldbraun sind. Herausnehmen, auf Küchenpapier abtropfen lassen und leicht salzen und pfeffern.

5 Den Feldsalat waschen und trocken schleudern. Die Kirschtomaten waschen, trocknen und vierteln. Die Radieschen waschen, trocknen und in feine Scheiben schneiden. Salat, Tomaten und Radieschen mischen und das Dressing darübergeben. Mit den Weißwurstradln servieren.

Bayrischer Linsensalat mit Burrata

Zutaten

400 g Puy-Linsen ¦ 1 große grüne Zucchini ¦ 1 große gelbe Zucchini ¦
2 Karotten ¦ 1 Zwiebel ¦ 3 Knoblauchzehen ¦ 4 Artischockenherzen ¦
1 Aubergine ¦ 200 g Kirschtomaten ¦ 8 EL Olivenöl ¦ 5 Zweige Thymian ¦
6 Bällchen Burrata

1 Die Linsen in einem Topf mit reichlich kaltem Wasser bedecken. Noch nicht salzen, sonst werden die Linsen nicht so schnell weich. Zum Kochen bringen und etwa 45 Minuten garen. Immer wieder den Gargrad prüfen. Die Linsen sollten am Ende noch ein wenig Biss haben. Die Linsen in ein Sieb gießen, mit kaltem Wasser abschrecken und abtropfen lassen.

2 Zucchini putzen, waschen und fein würfeln. Karotten, Zwiebel und Knoblauch schälen und fein würfeln. Artischockenherzen fein würfeln. Aubergine waschen, vierteln, Stielansatz und das weiche Innere entfernen, Fruchtfleisch ebenfalls in feine Würfel schneiden. Kirschtomaten halbieren und zur Seite stellen.

3 Als Nächstes in einem großen flachen Topf das Olivenöl erhitzen. Das Gemüse im Olivenöl anschwitzen. Sobald es weich und glasig ist, die abgetropften Linsen hineingeben und einen Schuss Gemüsebrühe zugießen, damit die Linsen nicht am Boden ansetzen. Die Linsen mit Salz und Pfeffer abschmecken und die halbierten Kirschtomaten unterrühren, mit Thymian bestreuen. Die Burrata zerpflücken, mit Olivenöl beträufeln und mit den Linsen servieren.

Suppen

Suppen sind absolute Kindheitserinnerungen bei mir. Die gab es meistens am Abend als Hauptgericht oder nach einer kalten Brotzeit, aber ganz oft folgte danach eine Mehlspeise. Deshalb freuten wir Kinder uns immer, wenn Oma tagsüber eine Suppe angesetzt hat ... Denn wir wussten, was folgte. Diese Erfahrung aus Kindertagen geben wir im »Moarwirt« unseren Seminargästen weiter: Die Suppe kommt in die Tischmitte zum Selbernehmen.

Meerrettichsuppe

Zutaten

5 EL Meerrettich, frisch gerieben | 2 Zwiebeln | 1 Knoblauchzehe | 800 g mehligkochende Kartoffeln | 1 Karotte | 50 g Butter | Zucker | Salz | 200 ml Weißwein | 1 l Fleisch- oder Gemüsebrühe (oder Gemüse-, Fleisch- oder Tomatenfond) | 1 Lorbeerblatt | 200 g Sahne | Macis | Weißer Pfeffer

1 Zwiebeln und Knoblauchzehe schälen und grob würfeln, Kartoffeln und Karotte schälen, fein würfeln. Butter mit je 1–2 Prisen Zucker und Salz in einem Topf erhitzen, Zwiebeln und Knoblauch zugeben und unter Rühren bei kleiner Hitze 3–4 Minuten andünsten. Kartoffel- und Karottenwürfelchen zugeben, unter Rühren bei kleiner Hitze 3–4 Minuten mitdünsten.

2 Weißwein untermischen und bei kleiner Hitze einkochen lassen. Brühe und Lorbeerblatt zugeben und bei kleiner Hitze 20–25 Minuten ziehen lassen. Topf vom Herd nehmen, Lorbeerblatt entfernen und alles fein pürieren. Meerrettich untermischen, Suppe abgedeckt 10 Minuten ziehen lassen. Sahne zugeben und die Suppe noch einmal aufkochen. Durch ein feines Sieb in einen Topf passieren und mit den Gewürzen abschmecken.

Gänseblümchensuppe

Statt des geriebenen Meerrettichs 2 Stangen Zitronengras, 1 EL fein geriebenen, frischen Ingwer, 2 EL Zitronensaft, 1 TL Bio-Zitronenschale und 1 Kaffir-Limettenblatt zur Suppe geben und alles abgedeckt 10 Minuten ziehen lassen. Dann weiter wie oben. Zum Schluss 7–8 Blüten ohne Grün pro Teller in die aufgeschäumte Suppe legen.

Apfel-Selleriesuppe mit Liebstöckel

2 Gravensteiner Äpfel, 1 Zwiebel und 500 g Knollensellerie schälen, grob würfeln und mit 30 g Butter andünsten. 600 ml Gemüsebrühe und 4 cl süßen Weißwein zugeben, mit Salz, Pfeffer und Macis abschmecken und 12–15 Minuten bei mittlerer Hitze köcheln lassen. 300 g Sahne zugeben, weitere 6–8 Minuten garen, dann fein pürieren und mit 4 EL fein geschnittenen Liebstöckelblättchen anrichten.

Kürbissuppe

Zutaten

2 kg Muskatkürbis ¦ 1 Zwiebel ¦ ½ Knollensellerie ¦ 1 Karotte ¦ 2 EL Butter ¦
1 EL Pflanzenöl ¦ 1 EL Currypaste (rot oder gelb) ¦ 1 EL Kurkuma ¦
2 EL Tomatenmark ¦ 400 ml Gemüsebrühe ¦ 200 ml frisch gepresster
Orangensaft ¦ 4 EL süßer Weißwein (oder Sherry) ¦ 500 ml Kokosmilch ¦
200 g Sahne ¦ Salz ¦ Pfeffer ¦ Macis ¦ 2 EL Speisestärke

1 Kürbisfruchtfleisch aus der Schale schneiden, Kerne entfernen, dann das Fruchtfleisch fein reiben und salzen. Zwiebel, Sellerie und Karotte schälen und würfeln.

2 Butter und Öl in einem Topf erhitzen. Gemüse mit Currypaste, Kurkuma und Tomatenmark zugeben, alles gut vermischen und 3–4 Minuten unter Rühren andünsten. Gemüsebrühe, Orangensaft und Weißwein unterrühren und das Gemüse weich kochen.

3 Kokosmilch und Sahne zugeben, alles nochmals aufkochen lassen, mit dem Stabmixer fein pürieren und mit Salz, Pfeffer und Macis abschmecken. Die Suppe durch ein Sieb gießen und mit Speisestärke (in etwas Weißwein angerührt) leicht abbinden.

Mein Tipp

Wenn Sie ihn bekommen, nehmen Sie unbedingt den grünschaligen Muskatkürbis. Von diesem Gangerl machen wir uns immer a bisserl mehr und kochen es in Weckgläsern ein.

Maronensuppe

Zutaten

500 g Maronenpüree ¦ 50 g getrocknete Steinpilze ¦ 3 große Zwiebeln ¦
3 EL Butter ¦ 1 EL Walnussöl ¦ 50 g brauner Zucker ¦ 1 EL Tomatenmark ¦
200 ml Cognac ¦ 200 ml süßer Weißwein ¦ 2 l Gemüsebrühe ¦ 300 g Sahne ¦
300 ml Kokosmilch ¦ Salz ¦ Pfeffer ¦ Muskatnuss ¦ Kirschwasser (nach Belieben)

1 Die Steinpilze etwa 20 Minuten einweichen, ausdrücken und grob hacken. Die Zwiebeln schälen und grob würfeln.

2 Butter und Walnussöl in einem Topf erhitzen. Braunen Zucker, Zwiebelwürfel und die eingeweichten Steinpilze zugeben, alles unter Rühren 3–4 Minuten bei mittlerer Hitze andünsten.

3 Maronenpüree und Tomatenmark zugeben, 2–3 Minuten mitdünsten, Cognac und Weißwein untermischen, alles 4–5 Minuten einkochen lassen. Gemüsebrühe angießen, alles gründlich vermischen und bei kleiner Hitze etwa 60 Minuten köcheln lassen.

4 Sahne und Kokosmilch zugeben, alles noch einmal aufkochen lassen und mit dem Stabmixer fein pürieren. Kräftig mit Salz, frisch gemahlenem Pfeffer und frisch geriebener Muskatnuss abschmecken und nach Belieben mit 1–2 EL Kirschwasser verfeinern.

Mein Tipp

Probieren Sie die Suppe bitte unbedingt mit dem Kirschwasser. Die Idee hatte ich in Zürich beim klassischen »Vermicelles«-Maronendessert.

Rotes Paradeiser-Gangerl

Zutaten
2 kg rote Dosentomaten ¦ 1 Zwiebel ¦ ½ Knollensellerie ¦ 1 Karotte ¦
2 EL Butter ¦ 1 EL Pflanzenöl ¦ 1 EL rote Currypaste ¦ 1 EL Kurkuma ¦
1 EL Tomatenmark ¦ 500 ml Gemüsebrühe ¦ 4 EL süßer Weißwein (oder
Sherry) ¦ 500 ml Kokosmilch ¦ 200 g Sahne ¦ Salz ¦ Pfeffer ¦ Macis

1 Zwiebel, Sellerie und Karotte schälen und würfeln. Butter und Öl in einem Topf erhitzen. Gemüse mit Currypaste, Kurkuma und Tomatenmark zugeben, alles gut vermischen und 3–4 Minuten unter Rühren andünsten.

2 Dosentomaten, Gemüsebrühe und Weißwein untermischen, alles bei mittlerer Hitze garen, bis das Gemüse weich ist. Kokosmilch und Sahne zugeben, alles nochmals aufkochen lassen. Mit dem Stabmixer fein pürieren und mit Salz, Pfeffer und Macis abschmecken.

Weißes Paradeiser-Gangerl
2 l Tomatenfond (siehe Seite 42) aufkochen, 500 g Sahne zugeben, bei kleiner Hitze 8–10 Minuten köcheln lassen. 1 EL Speisestärke mit 2 cl Gin verrühren, zur Suppe geben, alles gut verrühren, noch einmal aufkochen und 3–4 Minuten ziehen lassen. 3 EL grob gehackte Basilikumblättchen, 1 kleine Chilischote und 1 geschälte und grob gehackte Knoblauchzehe zugeben, Suppe mit den Gewürzen noch einmal 10–12 Minuten bei kleiner Hitze ziehen lassen, mit Salz und Pfeffer abschmecken. Dann durch ein feines Sieb in einen zweiten Topf gießen. 100 g kalte Butter grob würfeln und zugeben, alles mit dem Pürierstab schaumig aufschlagen und gleich servieren.

Gelbes Paradeiser-Gangerl
Für eine gelbe Tomatensuppe nehmen Sie statt roter gelbe Currypaste und ersetzen die roten Tomaten durch gelbe Tomaten aus der Dose. Das Tomatenmark lassen Sie einfach weg.

MEIN LIEBLINGSREZEPT

Gelbes Karotte-Passionsfrucht-Gangerl

Bei den Suppen ist es sehr schwierig, ein Lieblingsrezept zu finden. Das wechselt bei mir je nach Jahreszeit. Besonders liebe ich Kombinationen von Gemüse und Obst.

Zutaten

400 g gelbe Karotten ¦ 1 Zwiebel ¦ 30 g Butter ¦ 1–2 TL Currypaste (gelb oder rot) ¦ 1 TL Kurkuma ¦ 1 EL Tomatenmark ¦ 400 ml Gemüsebrühe ¦ 100 ml Weißwein ¦ 400 ml Passionsfruchtmark ¦ 200 g Sahne ¦ 200 ml Kokosmilch ¦ Salz ¦ Pfeffer ¦ Macis ¦ 5 frische Passionsfrüchte

1 Karotten und Zwiebel schälen und fein würfeln. Butter in einem Topf erhitzen, Gemüse mit Currypaste und Kurkuma zugeben und unter Rühren bei mittlerer Hitze 3–4 Minuten andünsten.

2 Tomatenmark untermischen, noch 2–3 Minuten mitdünsten. Gemüsebrühe, Weißwein und Passionsfruchtmark angießen, alles bei mittlerer Hitze 6–8 Minuten garen. Sahne und Kokosmilch zugeben, Suppe noch einmal aufkochen lassen. Alles fein pürieren, mit Salz, Pfeffer und Macis abschmecken, durch ein Sieb in einen zweiten Topf abgießen und die frischen Passionsfrüchte mit Kernen zugeben.

Mein Tipp
Fein exotisch schmeckt die Suppe, wenn Sie ein bis zwei Kaffir-Limettenblätter oder Zitronengras mitgaren!

Die Urkarotte

Die Urkarotte – auch schwarze oder lila Karotte genannt – wurde schon in der Steinzeit angebaut. Die orange Farbe bekam sie erst von den Holländern verpasst. Sie züchteten die Karotte in ihrer Landesfarbe, indem sie die gelbe und die schwarze kreuzten. In den 80iger-Jahren kreuzte ein Amerikaner die Urkarotte mit einer orangefarbenen, um den Urgeschmack der Karotte zu erhalten. Diese Sorte ist süßer, saftiger und hat mehr Betakarotin als eine orange Karotte.

Karottengangerl von der Urkarotte

Verwenden Sie für diese Variation 500 g lila Urkarotten, rote Currypaste und Orangensaft – das ergibt einen spannenden Geschmack und eine wunderbare rot-lila Farbe, die Ihre Familie und Ihre Gäste sicher überraschen wird.

Gelbes Karottengangerl

Eine hellere, gelbe Suppe erhalten Sie, wenn Sie gelbe Karotten, gelbe Currypaste und Orangensaft verwenden.

Saucen und Suppen abbinden

Ich binde meine Saucen und Suppen am liebsten mit Speisestärke, die ich in etwas Apfelsaft auflöse. Das verdünnt die Suppe oder Sauce nicht allzu sehr und die Süße des Apfelsafts unterstreicht den guten Geschmack Ihres Gerichtes.

Mein Lieblingsrezept: Gelbes Karotte-Passionsfrucht-Gangerl

Petersilien-Salzzitronen-Suppe

Zutaten

1 Salzzitrone (S. 44) ¦ 2 Handvoll Petersilienblättchen ¦ 800 g mehligkochende Kartoffeln ¦ 1 Karotte ¦ 2 Zwiebeln ¦ 1 Knoblauchzehe ¦ 50 g Butter ¦ 20 g weißer Zucker ¦ Salz ¦ 200 ml Weißwein ¦ 1 l Gemüse- oder Fleischbrühe (oder Gemüse-, Tomaten- oder Fleischfond) ¦ 1 Lorbeerblatt ¦ 100 ml Olivenöl ¦ 200 g Sahne ¦ Pfeffer ¦ Macis ¦ Gemahlener Kümmel

1 Salzzitrone grob würfeln und Petersilienblättchen fein schneiden. Kartoffeln und Karotte schälen und in feine Würfel schneiden. Zwiebeln schälen und grob würfeln, Knoblauch schälen und fein hacken. Butter in einem Topf erhitzen, Zwiebeln und Knoblauch zugeben und mit Zucker und 1 Prise Salz bei kleiner Hitze unter Rühren 3–4 Minuten andünsten (die Zwiebeln dürfen nicht braun werden!). Kartoffel- und Karottenwürfel zugeben, 3–4 Minuten unter Rühren mitdünsten.

2 Weißwein angießen, alles 5–6 Minuten köcheln lassen, bis der Wein ganz verdampft ist. Brühe und Lorbeerblatt zugeben, alles bei kleiner Hitze 20–25 Minuten ziehen lassen. Dann das Lorbeerblatt entfernen und die Suppe fein pürieren.

3 Gewürfelte Salzzitrone mit Olivenöl in einen Rührbecher geben und ebenfalls fein pürieren. Salzzitronen-Olivenölmasse und Sahne zur Suppe geben, alles gut vermischen und mit Salz, Pfeffer, Macis und fein gemahlenem Kümmel abschmecken. Suppe durch ein feines Sieb in einen zweiten Topf gießen, auf Suppenteller verteilen und mit der fein gehackten Petersilie bestreut servieren.

Radieserlblätter-Suppe

Zutaten
1 × Basis-Gemüsesuppe (Rezept Seite 38) ¦ 80 g Radieserlblätterpesto

1 Kartoffel-Gemüsesuppe wie im Rezept auf Seite 38 beschrieben zubereiten. Vor dem Servieren das Radieserlblätterpesto in die Suppe geben, alles gut verrühren und gleich servieren.

Radieserlblätter-Pesto

Zutaten
Für 1 Glas à 300 ml
60 g Bio-Radieserlblätter ¦ 20 g Petersilienblättchen ¦ 20 g Basilikumblättchen ¦ 1 kleine Knoblauchzehe ¦ 1 EL Pinienkerne ¦ 100 ml Sonnenblumenöl (oder Traubenkernöl) ¦ 10 g Parmesan ¦ Meersalz

1 Radieschen-, Petersilien- und Basilikumblättchen waschen und trocknen, Knoblauchzehe schälen. Pinienkerne in einer beschichteten Pfanne ohne Fett bei kleiner Hitze hellbraun rösten.

2 Pinienkerne, Radieserl-, Petersilien- und Basilikumblättchen mit der geschälten Knoblauchzehe, Öl, Parmesan und 2–3 Prisen Meersalz im Mixer fein pürieren, in ein sauberes Glas mit Schraubdeckel füllen und verschließen.

Weiße Paprikasuppe

Zutaten

400 g weiße Paprika ┊ 1 Stange Lauch ┊ 150 g weiße Zwiebeln ┊ 1 Knoblauchzehe ┊ 3 EL Olivenöl ┊ 50 g Butter ┊ Zucker ┊ 1 cm frischer Ingwer ┊ 80 ml Noilly Prat (französischer Wermut) ┊ 100 ml Sauvignon blanc ┊ 400 ml Gemüse- oder Geflügelbrühe ┊ 200 g Sahne ┊ 1 EL Rosmarinblättchen ┊ 1 Msp. Chiliflocken ┊ Salz ┊ Pfeffer ┊ 2 EL Speisestärke

1 Paprika waschen, vierteln, Kerne und Stielansatz entfernen, Fruchtfleisch grob würfeln. Lauch putzen, waschen, den grünen Teil beiseitelegen und anderweitig verwenden, den weißen Teil quer in feine Ringe schneiden.

2 Zwiebeln und Knoblauch schälen und fein hacken. Olivenöl und Butter in einem Topf erhitzen, Paprika, Lauch, Zwiebeln und Knoblauch zugeben, alles mit 1 TL Zucker bestreuen und bei kleiner Hitze 4–5 Minuten andünsten.

3 Ingwer schälen und fein hacken. Wermut, Weißwein und Brühe angießen, alles gut vermischen und bei kleiner Hitze 10–12 Minuten köcheln lassen. Suppe fein pürieren, Sahne und Gewürze zugeben, alles bei kleiner Hitze weitere 10 Minuten ziehen lassen, dann durch ein feines Sieb in einen zweiten Topf gießen und mit Salz und Pfeffer abschmecken. Bei Bedarf mit Speisestärke (in Weißwein angerührt) leicht abbinden.

Luftige Suppen

Damit Ihre Suppe schön luftig aufgeschäumt aussieht, einfach einen Schuss kalte Sahne und ein Stückerl kalte Butter kurz vorm Servieren mit dem Zauberstab untermixen.

Saure Zipfel

Zutaten

500 g kleine, abgebrühte Nürnberger Bratwürstchen ¦ 2 Zwiebeln ¦
1 Karotte ¦ 150 g Knollensellerie ¦ 1 EL Pflanzenöl ¦ 750 ml Geflügelbrühe ¦
2 Wacholderbeeren ¦ 5 Pimentkörner ¦ 1 TL Pfefferkörner ¦ 1 Lorbeerblatt ¦
1 Knoblauchzehe ¦ 4 Scheiben frischer Ingwer ¦ 2–3 EL Weißweinessig ¦
Salz ¦ Zucker ¦ 1 EL frische Majoranblättchen ¦ 50 g Butter ¦ Cayennepfeffer ¦
2 EL Schnittlauchröllchen

1 Zwiebeln, Karotte und Sellerie schälen und in kleine Würfel schneiden. Öl in einem Topf erhitzen, Gemüse zugeben, alles bei mittlerer Hitze 3–4 Minuten unter Rühren andünsten, dann die Brühe angießen.

2 Wacholderbeeren, Piment- und Pfefferkörner, Lorbeerblatt, Knoblauch und Ingwer in ein kleines Mulltuch binden und zum Gemüse in die Brühe geben, alles etwa 10 Minuten bei mittlerer Hitze garen, mit Essig, Salz und 2–3 EL Zucker abschmecken.

3 Würstchen in mundgerechte Stücke schneiden und mit den Majoranblättchen zur Brühe geben, alles weitere 5 Minuten bei kleiner Hitze ziehen lassen. Gewürzsäckchen entfernen. Die Hälfte der Suppe durch ein Sieb in einen zweiten Topf gießen, kalte Butter in kleinen Stückchen zugeben, alles mit dem Stabmixer aufschlagen und wieder zum Eintopf zurückgeben.

4 Alles noch einmal mit Cayennepfeffer und Weißweinessig abschmecken – man soll eine gewisse Säure und Schärfe schmecken – und mit Schnittlauchröllchen bestreut servieren.
P. S. Meine absolute Lieblingsspeise bei Alfons Schuhbeck!

Bayrisch vegetarisch!
Geht das? Bayern ist doch Fleisch durch und durch … – Klar geht das, und wie! Wichtig ist: Trauen Sie sich was! Gebackene Schwarzwurzeln zum Beispiel zum Vogerlsalat sind richtig lecker. Überraschen Sie doch einfach mal Ihre Liebsten damit. Das Rezept für die Schwarzwurzeln ist ganz einfach: Mohn mit Semmelbröseln mischen, mahlen und die abgezogenen und gehobelten Schwarzwurzeln wie ein Schnitzel panieren und ausbacken.

Allgäuer Käsespätzle

Zutaten

100 g Mehl ¦ 100 g Wiener Griessler ¦ 2 Eier ¦ 100 ml Milch ¦ Salz ¦ Macis ¦ 70 g Butter ¦ 100 g Allgäuer Bergkäse, gerieben ¦ 50 g Allgäuer Emmentaler, gerieben ¦ 200 g Zwiebeln ¦ 1 Knoblauchzehe ¦ Pfeffer

1 Beide Mehlsorten mit den Eiern, Milch, Salz und Macis in einer Rührschüssel mit dem Handmixer rasch zu einem festen Spätzleteig verarbeiten.

2 Reichlich Wasser in einem großen Topf zum Kochen bringen, 2–3 Prisen Salz zugeben. Teig mit einem Spätzlehobel in das kochende Wasser hineinschaben, 2–3 Minuten bei kleiner Hitze ziehen lassen (die Spätzle sind fertig, wenn sie an der Oberfläche schwimmen).

3 Spätzle in ein Sieb abgießen und abtropfen lassen. 40 g Butter in einer Pfanne erhitzen, Spätzle zugeben, Käse darüber verteilen, alles gut vermischen und noch 2–3 Minuten bei kleiner Hitze schmelzen lassen.

4 Die Zwiebeln schälen und in feine Ringe schneiden. Die restliche Butter in einer Pfanne schmelzen lassen, die geschälte Knoblauchzehe dazugeben und die Zwiebeln darin goldbraun anbraten. Vor dem Servieren den Knoblauch wieder entfernen.

Mein Tipp

Spätzle sind das perfekte Familienessen. Ich bereite es sehr gerne für eine größere Gruppe zu. Lasse alles schön langsam im Rohr schmoren: Dazu am besten Spätzle, Zwiebeln und Käse abwechselnd in einer Auflaufform schichten und bei 140 Grad für 15–20 Minuten im Ofen schmoren. Dann einfach die Schüssel in die Tischmitte stellen und eine große Schüssel Salat dazu servieren.

MEIN LIEBLINGSREZEPT

Semmelknödel – das Grundrezept

Selbst für ein einfaches Gericht wie diese Semmelknödel gibt es ein paar Kniffe, wie Sie die Knödel noch besser machen können. Dieses Grundrezept können Sie nach eigenem Geschmack abwandeln! Einfach Ihren Lieblingskäse, Ihr Lieblingsgemüse oder einfach Kühlschrankreste (Schinken, Speck, Weißwürste etc.) dazugeben.

Zutaten

500 g Toastbrot ¦ 2 EL Pflanzenöl ¦ 60 g Butter ¦ Salz ¦ Pfeffer ¦ 1 Zwiebel ¦ 1 kleine Knoblauchzehe ¦ 3 EL Petersilienblättchen, fein geschnitten ¦ 300 ml Milch ¦ Macis ¦ 5 Eier ¦ Wiener Griessler (nach Belieben)

1 Toastbrot in sehr feine Scheiben schneiden. Je 1 EL Öl und Butter in einer Pfanne erhitzen und etwa ein Drittel der Weißbrotscheibchen darin 3–4 Minuten bei mittlerer Hitze anrösten, dabei ein- bis zweimal wenden, salzen und pfeffern und in eine Schüssel geben.

2 Zwiebel und Knoblauchzehe schälen und fein hacken. Pfanne säubern, restliche Butter und den zweiten Esslöffel Öl darin erhitzen, Zwiebeln und Knoblauch zugeben und unter Rühren 2–3 Minuten andünsten, dann Petersilie untermischen und alles weitere 2–3 Minuten dünsten.

3 Das restliche Weißbrot in eine Schüssel geben und mit der lauwarmen Milch beträufeln. Zwiebel-Petersilien-Mix zugeben, alles mit Salz, Pfeffer und Macis würzen, leicht vermischen (nicht durchkneten!) und mindestens 10 Minuten durchziehen lassen.

4 Eier in einer Schüssel aufschlagen und verquirlen, zusammen mit den gerösteten Brotwürfeln zum Knödelteig geben und vorsichtig untermischen. Wenn die Knödel zu weich sind, können Sie noch etwas Wiener Griessler einarbeiten. Reichlich Wasser in einem großen Topf aufkochen. Aus dem Teig mit angefeuchteten Händen schön gleichmäßige, glatte Knödel formen, in Frischhaltefolie und dann in Alufolie einwickeln, ins kochende Salzwasser geben und 15–20 Minuten bei kleiner Hitze leicht köcheln lassen.

Hier meine wichtigsten Tipps zur Zubereitung: Das Brot wirklich sehr fein schneiden, ein gutes Drittel in Butter und Öl in einer Pfanne knusprig braten. Die Croûtons mit Salz und Pfeffer würzen. Jetzt bitte die Croûtons mal probieren und es wird Ihnen klar, warum wir sie anbraten! Sie schmecken einfach besser. Da kommen wir zu meinem Lieblingssatz: »Das, was Sie in Ihr Essen reingeben, bekommen Sie wieder zurück.«

Die Zwiebeln und den Knoblauch ebenfalls fein schneiden. Die Kräuter fein schneiden und nicht hacken, sonst sind die Geschmacksstoffe im Schneidebrett und nicht im Gewürz. Die Zwiebeln in Butter und Öl schmoren und den Knoblauch zu den Zwiebeln geben. Salz, Gewürze und Schale von einer halben Zitrone dazugeben. Das Ganze so lange schmoren, bis die Zwiebeln weich sind – nicht früher aufhören; sonst hält die Knödelmasse nicht, da die Zwiebeln ihre Feuchtigkeit dann beim Kochen verlieren und der Knödel zerfällt.

Jetzt die lauwarme Milch über das klein geschnittene und nicht angeröstete Brot geben. Eier und Zwiebelmasse dazugeben und etwa 10 Minuten ziehen lassen. Bei den Variationen gebratene Steinpilze, frische, fein geschnittene Brennnesselblätter (wichtig: Handschuhe nicht vergessen) oder die Bete zugeben und ziehen lassen. Nach etwa 10 Minuten die Masse vorsichtig durchmischen, aber nicht drücken, sonst wird die Masse matschig.

Die angebratenen Croûtons unterheben und die Masse abschmecken. Jetzt die fertige Masse erst in Frischhaltefolie und dann in Alufolie wie ein Bonbon einwickeln. Richtig fest verschließen. Jetzt die Knödel ins leicht kochende Wasser legen. Sollten Sie etwas Zeit haben, lassen Sie die Knödel etwa 20 Minuten im Wasser ziehen lassen. Bitte nicht kochen – der Knödel wird es Ihnen danken.

Mein Lieblingsrezept: Semmelknödel – das Grundrezept

Beteknödel

Zutaten

150 g vorgegarte, geschälte Rote, Gelbe oder Weiße Bete ¦ 500 g Toastbrot ¦ 50 ml Pflanzenöl ¦ 1 Zwiebel ¦ 1 kleine Knoblauchzehe ¦ 1 TL Majoranblättchen, fein geschnitten ¦ 1 EL Liebstöckelblättchen, fein geschnitten ¦ 65 ml Milch ¦ Salz ¦ Pfeffer ¦ Macis ¦ Gemahlener Kümmel ¦ 5 Eier ¦ 125 g geriebener Bergkäse

1 Toastbrot in kleine Würfel schneiden. 25 ml Öl in einer Pfanne erhitzen und etwa ein Drittel der Brotwürfel darin in 3–4 Minuten bei mittlerer Hitze anrösten, dabei ein- bis zweimal wenden, in eine Schüssel geben, beiseitestellen.

2 Zwiebel und Knoblauchzehe schälen und fein hacken. Pfanne säubern, restliche Butter und restliches Öl darin erhitzen. Zwiebeln und Knoblauch zugeben und unter Rühren 2–3 Minuten andünsten, dann die fein geschnittenen Majoran- und Liebstöckelblättchen untermischen und alles weitere 2–3 Minuten dünsten.

3 Restliche Brotwürfel in eine zweite Schüssel geben und mit der lauwarmen Milch (die Milch sollte keinesfalls heiß sein) und dem Zwiebel-Kräuter-Mix vermischen, alles mit Salz, Pfeffer, Macis und 1–2 Prisen gemahlenem Kümmel würzen und mindestens 10 Minuten durchziehen lassen.

4 Eier in einer kleinen Schüssel aufschlagen und verquirlen, zum Knödelteig geben und untermischen, ohne die Masse zu sehr zu kneten. Bete ganz fein würfeln, mit dem geriebenen Bergkäse und den gerösteten Brotwürfeln zum Knödelteig geben und untermischen.

5 Jeweils etwa 5 EL Knödelmasse zuerst in Frischhaltefolie wickeln und dann wie ein Bonbon in Alufolie einpacken. Reichlich Wasser in einem großen Topf aufkochen lassen. Die verpackten Knödel in das kochende Wasser geben und etwa 20 Minuten bei kleiner Hitze leicht köcheln lassen.

Latschenkiefer-Topfenknödel

Zutaten

25 g Latschenkiefernadeln ¦ 25 g Petersilien- oder Spinatblättchen ¦ 20 ml Olivenöl ¦ 200 g Butter ¦ Salz ¦ 500 g Weißbrot oder Toastbrot ¦ 1 Zwiebel ¦ 50 ml Pflanzenöl ¦ 125 ml Milch ¦ 100 g Quark (20–40 % Fett i. Tr.) ¦ 5 Eier ¦ ½ Knoblauchzehe ¦ Salz ¦ Pfeffer aus der Mühle ¦ 1 Prise Macis

1 Petersilie oder Spinat mit dem Olivenöl fein pürieren. Die Latschenkiefernadeln sehr fein schneiden. 150 g Butter, Salz und Latschenkiefernadeln mit dem Handmixer aufschlagen, bis die Butter fast weiß ist. Den Petersilien-Öl-Mix zur Butter geben und kurz weiterschlagen. Die Butter durch ein feines Haarsieb streichen. In Klarsichtfolie und Alufolie einrollen und kalt stellen.

2 Das Brot sehr fein würfeln, ein Drittel in einer Pfanne in 40 ml Pflanzenöl anrösten, aus der Pfanne nehmen und zur Seite stellen. Die Zwiebel fein würfeln und in der restlichen Butter und dem restlichen Öl in der Pfanne weich dünsten. Die Knoblauchzehe halbieren, fein schneiden und zusammen mit den Gewürzen dazugeben.

3 Das restliche Brot in eine Schüssel geben, lauwarme Milch (auf keinen Fall heiß) und die gekochte Zwiebel dazugeben und leicht unter das Brot unterheben, 10 Minuten ziehen lassen. Danach die gerösteten Brotwürfel und den Quark untermischen. Die Eier verquirlen, untermengen und die Masse mit Salz und Pfeffer abschmecken.

4 Für die Knödel jeweils 5 EL Knödelmasse zuerst in Frischhaltefolie wickeln und dann wie ein Bonbon in Alufolie einpacken. Reichlich Wasser in einem großen Topf erhitzen. Die verpackten Knödel hineingeben und etwa 20 Minuten leicht köcheln lassen.

5 Die Latschenkieferbutter in einer Pfanne schmelzen, die fertigen Knödel in der Latschenkieferbutter schwenken und als Beilage zu Wild oder als Vorspeise mit einem rahmigen Apfelkraut und Parmesan servieren.

Basilikum-Schlutzkrapfen

Zutaten

100 g Roggenmehl ¦ 100 g Dinkelmehl ¦ 100 g Weizenmehl ¦ 3 Eier ¦
2 EL Olivenöl ¦ Salz ¦ 1 Ei zum Bestreichen ¦ ½ Zwiebel ¦ 2 El Butter ¦
1 Msp. fein gehackter Knoblauch ¦ 200 g Mascarpone ¦ 70 g Basilikum ¦
100 g Petersilie ¦ 80 g Parmesan ¦ Pfeffer ¦ Macis

1 Für den Teig die Mehlsorten, die Eier, das Olivenöl und 1 Prise Salz zu einem glatten, elastischen Nudelteig verkneten. Den Teig in Frischhaltefolie wickeln und im Kühlschrank etwa 30 Minuten ruhen lassen.

2 Für die Füllung die Zwiebel schälen und in feine Würfel schneiden. Butter erhitzen, die Zwiebel glasig andünsten und den Knoblauch unterrühren. Mascarpone und die Zwiebel-Knoblauch-Mischung verrühren. Basilikum und Petersilie blanchieren und fein pürieren. Mit dem Parmesan zur Mascarponemasse geben und mit den Gewürzen abschmecken.

3 Mit der Nudelmaschine dünne Teigbahnen ausrollen, dabei mit etwas Mehl bestäuben. Die Teigbahnen mit verquirltem Ei bestreichen. Mit einem Teelöffel im Abstand von 3 bis 4 cm etwas Füllung in die Mitte setzen. Die andere Teigbahn längs darüberlegen und um die Füllung herum andrücken. Mit einem runden Ausstecher (Ø 5 cm) halbmondförmige Taschen ausstechen und die Ränder ohne Luftblasen verschließen. Die Schlutzkrapfen 2 Minuten im nicht kochenden, heißen Salzwasser ziehen lassen.

Nudelteig

2 Eigelb, 1 Ei, 160 g Mehl (Type 00, Pastamehl), 80 g Hartweizengrieß, 3–4 EL Olivenöl und 1–2 Prisen Salz zu einem glatten, elastischen Teig verkneten. In Frischhaltefolie wickeln und im Kühlschrank 30 Minuten ruhen lassen.

Nudelteig ohne Ei

500 g Mehl (Type 405) mit 175 ml lauwarmem Wasser, 1 EL Olivenöl und 1–2 Prisen Salz zu einem glatten, elastischen Teig verkneten. In Frischhaltefolie wickeln und im Kühlschrank 30 Minuten ruhen lassen.

Grundrezept Brotgnocchi

Zutaten

180 g Toastbrot oder Weißbrot ¦ 50 g Petersilienblättchen ¦ Salz ¦ 2–3 Eier ¦ 160 g Quark (20–40 % Fett i. Tr.) ¦ 50 g Parmesan, fein gerieben ¦ Pfeffer ¦ Mehl zum Bestäuben ¦ 50 g Butter

1 Brot grob würfeln und in einer Küchenmaschine fein zerhacken. Petersilienblättchen in kochendem Salzwasser 1–2 Minuten ziehen lassen, in ein Sieb abgießen, kalt abspülen, gut ausdrücken und fein pürieren. Eier in einer kleinen Schüssel aufschlagen. Brot und Petersilie mit Eiern, Quark und 30 g Parmesan in einer Schüssel vermischen, mit Salz und Pfeffer würzen.

2 Reichlich Wasser in einem großen Topf erhitzen, 2–3 Prisen Salz zugeben. Arbeitsfläche, Hände und Teig mit Mehl bestäuben. Vom Teig mit einem Teelöffel kleine Portionen abstechen und mit bemehlten Händen nacheinander zu kleinen Gnocchi formen.

3 Gnocchi ins kochende Salzwasser geben und bei kleiner Hitze 5–6 Minuten in leicht sprudelndem Wasser ziehen lassen. Gnocchi mit einer Schöpfkelle herausfischen und in einem Sieb abtropfen lassen. Butter in einer Pfanne erhitzen, Gnocchi zugeben, kurz durchschwenken und mit dem restlichen Parmesan bestreut servieren.

Oliven- oder Steinpilzgnocchi

Für diese Varianten geben Sie zusätzlich entweder 80 g fein gewürfelte, grüne Oliven (ohne Stein) oder 80 g frische, geputzte Steinpilze, die Sie in 20 g geschmolzener Butter anbraten, zum Gnocchiteig.

Rote-Bete-Gnocchi

Für die Rote-Bete-Gnocchi ersetzen Sie im Grundrezept die Petersilie durch 50 g blanchierte und fein pürierte Liebstöckelblättchen und fügen dem Teig 80 g gekochte, fein gewürfelte Rote Bete hinzu.

Glasiertes Gemüse

Zutaten

900 g gemischtes Wurzelgemüse (z. B. Sellerie, gelbe Rüben) ¦ 80 g Butter ¦
80 g Pflanzenöl (Sonnenblumenöl) ¦ 2 EL brauner Zucker ¦ Salz ¦
100 ml Gemüsebrühe ¦ 1 Scheibe frischer Ingwer (ca. 1 cm) ¦ 1 Knoblauchzehe ¦
Je 2 EL Petersilien- und Liebstöckelblättchen, fein geschnitten ¦ Pfeffer

1 Gemüse putzen, waschen und grob würfeln. Butter und Öl in einem Topf erhitzen, braunen Zucker, 2–3 Prisen Salz und das Gemüse zugeben, alles gut vermischen und bei kleiner Hitze 3–4 Minuten andünsten.

2 Gemüsebrühe angießen, alles bei kleiner Hitze 8–10 Minuten köcheln lassen. Ingwer und Knoblauch schälen und fein hacken, beides mit Petersilien- und Liebstöckelblättchen zum Gemüse geben, weitere 3–4 Minuten bei kleiner Hitze ziehen lassen. Gemüse mit Salz und Pfeffer abschmecken.

Gemüsenudeln

Zutaten

1 grüne Zucchini (200 g) ¦ 1 gelbe Zucchini (200 g) ¦ 2 orange Karotten ¦
2 gelbe Karotten ¦ Salz ¦ 1 Knoblauchzehe ¦ 1 Scheibe frischer Ingwer
(ca. 1 cm) ¦ 3 EL Olivenöl ¦ Pfeffer

1 Zucchini putzen, waschen und trocknen. Karotten putzen und schälen. Dann mit einem Sparschäler der Länge nach feine Streifen runterschneiden. Reichlich Salzwasser erhitzen und die Gemüsestreifen darin 2–3 Minuten garen. Abgießen, kalt abspülen und gut abtropfen lassen.

2 Knoblauch und Ingwer schälen und fein hacken. Olivenöl erhitzen, Knoblauch und Ingwer bei kleiner Hitze andünsten. Gemüsenudeln untermischen und 2–3 Minuten mitdünsten. Alles mit Salz und Pfeffer würzen.

Beilagen

Mein Lieblingskapitel! Auch heute noch esse ich am liebsten Beilagen mit einer richtig guten Sauce. Als Kind war es immer etwas Besonderes, wenn wir ins Wirtshaus gegangen sind. Wir durften Knödel essen, so viel wir wollten. Die Beilage adelt jedes Fleischgericht – stellen Sie sich einfach mal einen Schweinebraten ohne Knödel vor …

Beilagen

Das Wichtigste: die Beilagen

Das Wort »Beilagen« gefällt mir eigentlich gar nicht – es klingt so nach »liegt nur dabei«. Für mich sind sie genauso gleichberechtigt wie das Fleisch. Aus einer einfachen Kartoffel, die so zauberhafte Namen hat wie »Annabelle«, »Agria«, »Nicola«, »Linda«, »Cilena« etc., können Sie so viel zaubern, wie aus keinem anderen Produkt. Egal ob Dressing, Knödel, Nudeln, Dessert, Suppe … Es ist schier unerschöpflich, was Sie daraus kochen können.

Das »Salz in der Suppe«

Bei uns im »Moarwirt« ist es der anspruchsvollste Posten und mit meinen Kollegen Thomas und Markus habe ich genau die Richtigen dafür. Unglaublich, was die zwei an Knödeln, Püree, Ravioli, Graupen, Risotti, Spätzle und Paunzen produzieren. Unsere Rezepte sind »tausendfach erprobt«.

In Italien lernte ich, wie simpel gute Küche sein kann. Immer wieder denke ich an unser Personalessen im Sommer bei 35 Grad: Pro Person eine Tomate klein schneiden, salzen, zuckern, Olivenöl drüber und ab in die Sonne. Eine halbe Stunde ziehen lassen, Basilikum dazugeben und jetzt einfach frisch abgekochte Nudeln dazu. Besten Büffelmozzarella zerrupfen, auf die Nudeln geben und fertig! Das Beste, was ich bei der Hitze je gegessen habe.

Oder die Fingernudeln meiner Oma, so groß wie Duplo, im Fett rausgebacken auf ihrem fünf Tage alten Sauerkraut. Da braucht es nichts anderes mehr dazu. Oder die Kasspatzen aus'm Rohr. Dazu Kopf- und Gurkensalat und alle, wirklich alle waren glücklich.

Der Star des Gerichts

Rechts: Allein aus Kartoffeln lässt sich allerhand zaubern: das Kartoffelpüree mit seinen Variationen ist nur ein Beispiel.

Wenn ich von meinem Metzger ein erlesenes Stück Fleisch bekomme, ist es für mich eine ganz besondere Herausforderung, eine Beilage zu kreieren, die dem Fleisch ein bisschen die Show stiehlt. Eine schwierige Aufgabe, die aber meistens gut gelingt: zum Beispiel mit einem Latschenkieferknödel als Mantel für einen wunderbaren Rehrücken (Zubereitung wie Rezept auf Seite 177). Meine Gäste im »Moarwirt« fragen am häufigsten nach den Rezepten für die Beilagen, wie unseren schnellen Kartoffelknödel.

Das Wichtigste: Die Beilagen

MEIN LIEBLINGSREZEPT

Kartoffelknödel

Ich bin ganz ehrlich, am Anfang haben wir jeden Kartoffelknödel noch komplett selbst gemacht. Aber mit wachsendem Geschäft mussten wir uns was einfallen lassen: schnelle Kartoffelknödel (Rezept Seite 116). Kaufen Sie unbedingt einen guten Fertig-Knödelteig, es lohnt sich: Gerade für dieses Knödelrezept bekommen wir nämlich immer großes Lob – sogar von bekannten Sterneköchen!

Zutaten
1 kg mehligkochende Kartoffeln ¦ 3 Eier ¦ Salz ¦ Macis

1 500 g Kartoffeln waschen und in reichlich Salzwasser garen. Kartoffeln abgießen, kurz abkühlen lassen, noch heiß pellen und durch die Kartoffelpresse drücken.

2 Die restlichen Kartoffeln schälen, waschen und auf der Gemüsereibe fein reiben. Die geriebenen Kartoffeln in einem Passier- oder Geschirrtuch über einer Schüssel gut ausdrücken und den Kartoffelsaft auffangen.

3 Kartoffelsaft mindestens 15 Minuten stehen lassen, damit sich die Kartoffelstärke am Boden absetzen kann. Dann die Flüssigkeit vorsichtig abgießen, die am Boden befindliche Stärke herausnehmen und mit den geriebenen Kartoffeln in einer Schüssel verrühren. Die durchgepressten Kartoffeln zum Kartoffel-Stärke-Mix geben, alles gründlich vermischen.

4 Eier trennen (Eiweiß aufheben und anderweitig verwenden), Eigelb unter den Kartoffelteig mischen, alles mit Salz und Macis würzen und zu einem glatten Knödelteig verarbeiten.

5 Reichlich Wasser in einem großen Topf aufkochen lassen, 2–3 Prisen Salz zugeben. Mit feuchten Händen aus der Knödelmasse möglichst gleich große, glatte Knödel formen. Knödel in das kochende Salzwasser geben und bei kleiner Hitze weitere 10 Minuten gar ziehen lassen.

Schnelle Kartoffelknödel

250 g Knödelteig (Fertigprodukt a. d. Kühlregal) in eine Schüssel geben, 45 g lauwarme Nussbutter (siehe Seite 222) und 2 Eigelb zugeben, alles gründlich vermischen. Teig für 10–15 Minuten im Kühlschrank ruhen lassen. Reichlich Wasser in einem großen Topf erhitzen, 1–2 Prisen Salz zugeben. Mit feuchten Händen aus dem Teig möglichst gleich große, glatte Knödel formen, in das leicht kochende Wasser geben und bei kleiner Hitze weitere 10 Minuten ziehen lassen.

Kaufen Sie sich das beste Fertigprodukt. Geben Sie das Eigelb und die Nussbutter dazu, wenn Sie möchten, können Sie auch Gewürze zugeben. Dann bitte die Masse kalt stellen, damit lässt sich der Knödel leichter abdrehen. Für die ersten 2 Minuten sollte das Wasser sprudelnd kochen, danach die Knödel 10–12 Minuten ziehen lassen. In der Zwischenzeit in einer kleinen Pfanne Butterbrösel anrösten und die fertigen Knödel durchschwenken. Wir nehmen die Fertigmasse auch gerne für Schupfnudeln oder Fingernudeln her, aber nur, wenn es pressiert. Wenn Sie unter die fertige Kartoffelmasse etwas Grieß geben, haben Sie eine perfekte Gnocchimasse.

Abgeröstete Knödel

Übrig gebliebene Knödel können Sie einfach in Scheiben schneiden und in etwas Butter anbraten. In Ringe geschnittene Zwiebel und Speck mit in die Pfanne geben, kurz anrösten – fertig!

Paunzen

600 g mehligkochende Kartoffeln in Salzwasser garen, abgießen und auf ein Backblech legen. Bei 180 Grad 45 Minuten im Backofen trocknen. Danach zügig weiterverarbeiten, da die Kartoffeln abgekühlt ihre Bindung verlieren. Die heißen Kartoffeln mit einem Löffel auskratzen und die Kartoffelmasse dreimal durch die Kartoffelpresse drücken. 80 g Stärke, 70 g Hartweizengrieß, 200 g abgetropfter Quark, 4 Eigelb, Salz, Pfeffer und Macis hinzufügen und so lange mit den Händen kneten, bis ein glatter Teig entsteht. Nun mit einem Löffel kleine Nocken ausstechen. Pflanzenöl in einer Pfanne erhitzen und die Paunzen darin goldgelb ausbacken.

Mein Tipp

Wenn Sie sich ein wenig Zeit sparen wollen, verwenden Sie einen fertigen Kartoffelknödelteig, dem Sie Quark, Gewürze und Eigelb hinzufügen.

Mein Lieblingsrezept: Kartoffelknödel

117

Spargel in Folie

Zutaten
24 Stangen weißer Spargel (möglichst gleich dick) ¦ 200 g Butter ¦
1 EL Salz ¦ 1 EL Zucker ¦ Saft einer Zitrone ¦ 4 EL Schnittlauchröllchen ¦
4 EL Olivenöl

1 Spargelstangen schälen und die holzigen Enden abschneiden. Butter in einem Topf bei kleiner Hitze schmelzen lassen. Backofen auf 160 °C vorheizen.

2 Vier große Stücke Alufolie (ca. 40 cm Länge) abreißen und auf der Arbeitsfläche ausbreiten. Auf jedes Stück Folie 6 Spargelstangen legen, mit je 1 TL Salz und Zucker bestreuen, mit je einem Viertel der zerlassenen Butter und etwa 1 TL Zitronensaft beträufeln. Spargelpäckchen gut verschließen, auf ein Backblech legen und auf der mittleren Schiene im vorgeheizten Ofen ca. 35–40 Minuten garen (die Garzeit hängt von der Dicke der Spargelstangen ab).

3 Zum Servieren Päckchen öffnen, Spargel in jedem Päckchen mit je 1 EL Schnittlauchröllchen bestreuen, mit 1 EL Olivenöl beträufeln und gleich servieren.

Mein Tipp
Aus den Spargelschalen und den abgeschnittenen Enden kann man eine wunderbare Spargelsuppe kochen – also bitte nicht wegwerfen! Probieren Sie das Ganze mal mit selbst gefundenen Steinpilzen oder anderen »Waldzwergen«.

Brezenknödel

Zutaten

200 g Brezen oder Laugenstangen ¦ 300 g Toastbrot ¦ 3 EL Pflanzenöl ¦
3 EL Butter ¦ 1 Zwiebel ¦ 1 Knoblauchzehe ¦ 3 EL Petersilienblättchen, fein
geschnitten ¦ 300 ml Milch ¦ 6 Eier ¦ Salz ¦ Pfeffer ¦ Macis

1 Aus den angegeben Zutaten wie beim Semmelknödel (siehe Seite 97) einen Knödelteig bereiten. Jeweils 5 EL Knödelmasse zuerst in Frischehaltefolie, dann wie ein Bonbon in Alufolie wickeln. Reichlich Wasser in einem großen Topf aufkochen lassen. Die verpackten Knödel in das kochende Wasser geben und etwa 20 Minuten bei kleiner Hitze leicht köcheln.

Speckknödel

Für den Speckknödel den Grundteig für die Knödel (siehe Seite 97) zubereiten. Dazu je 75 g rohen Schinken und geräucherten Speck in kleine Würfel schneiden. 1 EL in einer Pfanne erhitzen und die Speck- und Schinkenwürfel darin unter Rühren bei kleiner Hitze anbraten. Zusammen mit dem zweiten Teil Brot zur Knödelmasse geben.

Brennnesselknödel

Für den Brennnesselknödel den Grundteig für die Knödel (siehe Seite 97) mit nur 125 ml Milch zubereiten. Geben Sie außerdem 80 g fein geschnittene Brennnesselblätter, 2 EL fein geschnittene Rucolablätter, 1 EL fein geschnittene Petersilienblättchen und 1 TL fein geschnittene Majoranblättchen hinzu. Nachdem Sie die Eier untergehoben haben, geben Sie 125 g geriebenen Bergkäse hinzu.

Kasknödel

Zum Grundrezept für Knödel (siehe Seite 97) geben Sie je eine Messerspitze fein geschnittenen Thymian und Majoran. Statt 300 ml Milch verwenden Sie nur 65 ml. Nachdem Sie die Eier hinzugefügt haben, mischen Sie 125 g geriebenen Bergkäse und 50 g geriebenen Emmentaler unter die Knödelmasse. Mit Salz, Pfeffer und Piment d'Espelette abschmecken.

Bratkartoffeln

Zutaten

500 g kleine, festkochende Kartoffeln ¦ Salz ¦ 2 Schalotten ¦ 1 Knoblauchzehe ¦ 2 EL Pflanzenöl ¦ 2 EL Petersilienblättchen, fein gehackt ¦ 1 EL Liebstöckelblättchen, fein geschnitten ¦ 1 EL Butter ¦ Pfeffer

1 Kartoffeln gründlich waschen, in reichlich Salzwasser gar kochen, abgießen und abkühlen lassen. Die Kartoffeln schälen und quer in dünne Scheiben schneiden. Schalotten und Knoblauch schälen und fein hacken.

2 Öl in einer Pfanne erhitzen, Kartoffelscheiben zugeben und bei mittlerer Hitze von beiden Seiten goldbraun braten, dabei nicht zu oft schwenken. Kurz vor Ende der Garzeit Schalotten, Knoblauch, Kräuter und Butter dazugeben, alles mit Salz und Pfeffer würzen, und 2–3 Minuten ziehen lassen.

Reiberdatschi

Zutaten

500 g vorwiegend festkochende Kartoffeln ¦ Salz ¦ 2 Eigelb ¦ Pfeffer ¦ Macis ¦ Pflanzenöl zum Braten

1 Kartoffeln schälen, waschen, in feine Streifen raspeln. Kartoffelstreifen salzen und etwa 20 Minuten ziehen lassen. Kartoffelraspel in ein Tuch geben, über einer Schüssel gut ausdrücken und den Kartoffelsaft auffangen. Kartoffelsaft etwa 30 Minuten stehen lassen, damit sich die Stärke absetzen kann.

2 Eigelb unter die Kartoffelraspel mischen, alles mit Salz, Pfeffer und Macis würzen. Flüssigen Kartoffelsaft vorsichtig von der Stärke abgießen, Kartoffelstärke aus der Schüssel nehmen und mit den Kartoffeln vermischen. Pro Portion je 1–2 EL Öl in einer Pfanne erhitzen und 1–2 EL Kartoffelmasse in die Pfanne geben, zu kleinen Küchlein formen und flach drücken. Von jeder Seite bei mittlerer Hitze in 2–3 Minuten goldbraun braten.

Klassisches Kartoffelpüree

Zutaten
1 kg mehligkochende Kartoffeln ¦ Salz ¦ 200 g Butter ¦ 50 g Semmelbrösel (Paniermehl) ¦ 250 ml Milch ¦ Macis

1 Kartoffeln schälen, waschen und grob würfeln. Kartoffeln mit reichlich Wasser und 2–3 Prisen Salz aufkochen lassen, dann bei mittlerer Hitze 10–12 Minuten garen. In ein Sieb abgießen, wieder zurück in den Topf geben und zugedeckt noch 3–4 Minuten ausdampfen lassen. 100 g Butter erhitzen, Semmelbrösel zugeben, alles gut vermischen und bei kleiner Hitze unter Rühren hellbraun rösten. Vom Herd nehmen und beiseitestellen.

2 Milch mit der restlichen Butter in einem Topf erwärmen. Die heißen Kartoffeln jetzt hintereinander dreimal durch die Kartoffelpresse in eine Schüssel drücken. Den heißen Milch-Butter-Mix langsam und vorsichtig mit einem Kochlöffel unter die durchgepressten Kartoffeln mischen, alles mit Salz und Macis abschmecken, mit den Butterbröseln bestreut servieren.

Kartoffelpüree mit Gemüse

Kartoffeln wie oben angegeben garen. Eine Chilischote ins Kochwasser geben, nach dem Kochen entfernen. 25 g Zucchini putzen und waschen, 25 g Karotte schälen, beides ganz fein würfeln. 100 ml Olivenöl in einer Pfanne erhitzen, Gemüse zugeben und unter Rühren bei kleiner Hitze in 6–8 Minuten weich dünsten. 250 ml Milch in einem kleinen Topf erwärmen. Die heißen Kartoffeln dreimal durch die Kartoffelpresse in eine Schüssel drücken, heiße Milch vorsichtig unter die durchgepressten Kartoffeln rühren, alles mit Salz und gemahlenem Chili (Piment d'Espelette) abschmecken. Als Letztes die gedünsteten Gemüsestückchen unterheben.

Kartoffelpüree mit Oliven

Das Püree wie das Kartoffelpüree mit Gemüse zubereiten. Dabei das Gemüse durch 50 g Oliven (am besten Oliven der Sorte Taggiasca, in feine Spalten geschnitten) ersetzen. Die Oliven zusammen mit 100 ml Olivenöl unter das Püree rühren und mit Salz und Chilipulver abschmecken.

Schupfnudeln

Zutaten

1 kg mehligkochende Kartoffeln | Salz | ½ TL Kümmelsamen | 8 Eier |
200 g Mehl | 80 g Speisestärke | Macis | 2 EL Öl | 1 EL Butter | Pfeffer

1 Kartoffeln waschen und in reichlich Salzwasser mit den Kümmelsamen garen. Kartoffeln abgießen, zugedeckt im Topf einige Minuten ausdampfen lassen, dann möglichst noch heiß pellen. Kartoffeln durch die Kartoffelpresse in eine Schüssel drücken und etwa 30 Minuten auskühlen lassen.

2 Eier trennen (Eiweiß aufbewahren und anderweitig verwenden), Eigelb zu den durchgepressten Kartoffeln geben und unterrühren. Mehl und Speisestärke vermischen, dann auf die Kartoffelmasse sieben und locker unterkneten, alles mit Salz und Macis würzen und noch einmal gut durchmischen. Je 1 EL Teig abnehmen, auf einer bemehlten Arbeitsfläche mit den Handflächen zu einer etwa 5 cm langen, fingerdicken, an den Enden spitz zulaufenden Nudel formen. So weiter verfahren, bis der ganze Teig verarbeitet ist.

3 In einem großen Topf reichlich Wasser aufkochen lassen, 2–3 Prisen Salz zugeben. Schupfnudeln hineingeben und bei kleiner Hitze einige Minuten ziehen lassen, bis sie an die Oberfläche steigen. Mit einem Schaumlöffel herausnehmen und auf Küchenpapier abtropfen lassen. Öl und Butter in einer großen Pfanne erhitzen und die Schupfnudeln darin bei mittlerer Hitze rundherum goldbraun anbraten, mit Salz und Pfeffer würzen.

Fingernudeln

Die Fingernudeln bestehen aus dem gleichen Teig wie die Schupfnudeln, werden aber etwas größer geformt und gleich in der Pfanne mit 3–4 EL Öl und etwas Butter angebraten.

Grundrezept Spätzle

Zutaten

5 Eier | 250 g Weizenmehl (Type 405) | 250 g Wiener Griessler |
250 ml Milch | 40 g Hartweizengrieß | Salz | 50 g Butter

1 Eier in einer kleinen Schüssel aufschlagen. Beide Mehlsorten, Eier, Milch, Grieß und 2–3 Prisen Salz in eine Rührschüssel geben und mit dem Handmixer rasch zu einem festen Spätzleteig verarbeiten.

2 Reichlich Wasser zum Kochen bringen, salzen. Den Teig mit einem Spätzlehobel hineinschaben und kurz aufkochen lassen, bis sie an der Oberfläche schwimmen. Die Spätzle in ein großes Sieb abgießen und gut abtropfen lassen. Butter in einer großen Pfanne schmelzen lassen, Spätzle zugeben, alles gut vermischen und bei kleiner Hitze 3–4 Minuten ziehen lassen.

Spätzle mit Kürbis oder Roter Bete

Zusätzlich 80 g fein geriebenes Kürbisfruchtfleisch oder Rote Bete in den Spätzle-Grundteig geben und wie oben angegeben verarbeiten.

Mohnspätzle

Wenn Sie 80 g gemahlenen Mohn unter den Spätzle-Grundteig mischen, erhalten Sie wunderbare Mohnspätzle.

Spinatspätzle

80 g frischen Blattspinat in kochendem Wasser 1–2 Minuten ziehen lassen, abgießen und mit kaltem Wasser abschrecken. Milch und Spinatblättchen in einen hohen Rührbecher geben, alles fein pürieren und zusammen mit den anderen Zutaten aus dem Grundrezept zu einem glatten Teig verrühren.

Spätzle mit Topfen

Für diese Variante verwenden Sie statt 250 ml Milch aus dem Grundrezept nur 150 ml Milch und fügen zusätzlich 100 g Quark hinzu.

Beilagen

Blaukraut

Zutaten
1 Kopf Blaukraut (Rotkohl) ¦ 200 ml Rotwein ¦ 100 ml Rotweinessig ¦ Salz ¦ Pfeffer ¦ 2 Zwiebeln ¦ 2 Äpfel ¦ 150 g Gänse- oder Entenschmalz ¦ 200 g Apfelmus ¦ 3 Nelken ¦ 2 Zimtstangen (Ceylon) ¦ 3 Pimentkörner ¦ 100 g Preiselbeeren ¦ Zucker

1 Vom Blaukraut die äußeren Blätter entfernen, Kopf der Länge nach vierteln und den Strunk herausschneiden. Blaukrautviertel fein hobeln, gehobeltes Kraut in einer Schüssel mit Rotwein, Rotweinessig und je 2–3 Prisen Salz und Pfeffer vermischen, abgedeckt einen Tag durchziehen lassen.

2 Zwiebeln schälen und fein würfeln. Äpfel schälen, vierteln, Kerne entfernen, Apfelviertel quer in feine Scheibchen schneiden. Schmalz in einem Topf erhitzen, Zwiebel und Äpfel zugeben und bei kleiner Hitze 5–6 Minuten schmoren lassen. Apfelmus und das marinierte Blaukraut untermischen. Gewürze in einem Gewürzbeutelchen zum Kraut geben, alles bei kleiner Hitze etwa 60 Minuten köcheln lassen. Gewürze entfernen, Preiselbeeren unterrühren. Alles noch einmal mit Salz, Pfeffer und Zucker abschmecken.

Mein Tipp
Probieren Sie das Rezept auch mal mit Birnen und Quitten statt Äpfeln.

Einkochen im Rohr

Dieser Tipp gilt für alle Gerichte, die Sie im Rohr schmoren: Blaukraut, Böfflamott, Gulasch, Haschee … Schneiden Sie etwas Backpapier in der Größe des Topfes zurecht und legen es anstelle eines Deckels direkt auf das Gericht. Mit Deckel kann kein Wasser aus dem Topf entweichen und die Sauce daher nicht einkochen. Mit dem Backpapier kann das Wasser seitlich verdampfen.

Sauerkraut

Zutaten

500 g frisches Sauerkraut ¦ 100 ml Apfelsaft ¦ 5 Pfefferkörner ¦ 2 Wacholderbeeren ¦ 1 Lorbeerblatt ¦ 1 Zwiebel ¦ 100 g Gänseschmalz ¦ 1 EL Zucker ¦ 50 ml Weißwein ¦ 100 g Apfelmus ¦ 200 ml Fleisch- oder Gemüsebrühe ¦ 100 g Butter ¦ Salz ¦ Cayennepfeffer ¦ Macis

1 Sauerkraut waschen und abtropfen lassen. Apfelsaft mit Pfefferkörnern, Wacholderbeeren und Lorbeerblatt in einem Topf erhitzen und bei kleiner Hitze 6–8 Minuten köcheln lassen. Vom Herd nehmen und beiseitestellen. Zwiebel schälen und fein würfeln. Gänseschmalz in einem Topf erhitzen, Zucker und Zwiebeln zugeben, alles bei kleiner Hitze 3–4 Minuten andünsten. Weißwein angießen, Sauerkraut und Apfelmus zugeben, alles gut vermischen und 10 Minuten mitdünsten.

2 Apfelsaft durch ein Sieb zum Kraut gießen, Brühe zugeben, alles gut vermischen und bei kleiner Hitze 2–3 Stunden köcheln lassen, dabei immer wieder durchrühren. Butter fein würfeln, gründlich untermischen, bis alle Stückchen geschmolzen sind. Kraut mit Salz, Cayennepfeffer und Macis kräftig abschmecken und servieren.

Senf-Kerndlrahmkraut

Wenn die Butter geschmolzen ist, dem Sauerkraut 2 EL Sahne oder Crème double sowie 1 EL Dijon-Senf untermischen und mit Salz, Cayennepfeffer und Macis abschmecken.

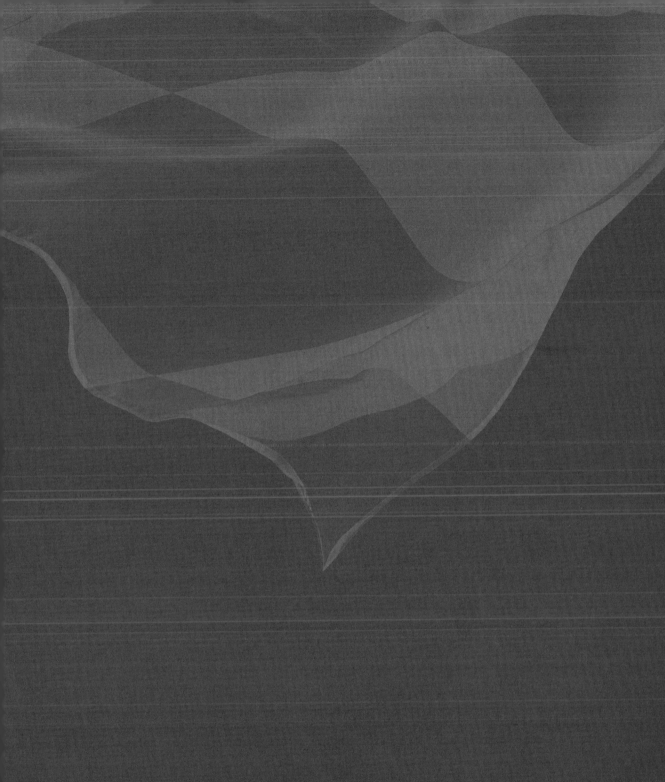

Fisch

Meine Leidenschaft für Fisch entdeckte ich als 10-Jähriger beim »Schwarzfischen« an der Donau mit meinem Onkel. Was heute aber nicht mehr der Fall ist – das Schwarzfischen, meine ich. Wir verarbeiten bei uns im Restaurant fast ausschließlich regionalen Fisch. Und da ist die Vielfalt oft größer, als man denkt. Egal, ob Saibling, Forelle, Huchen, Krapfen oder Waller – probieren Sie einfach mal unsere »Wasserschätze« aus Bayern aus.

Wallerfilets in Tomatenfond

Zutaten
4 Wallerfilets (à ca. 120–160 g) ¦ Salz ¦ 2 Knoblauchzehen ¦ 4 Schalotten ¦
1 l Tomatenfond (s. S. 42) ¦ 8 gelbe Kirschtomaten ¦ 8 rote Kirschtomaten ¦
3 EL Olivenöl ¦ Pfeffer

1 Wallerfilets waschen, mit Küchenpapier trocken tupfen, quer halbieren und leicht salzen. Knoblauch schälen und quer in feine Scheibchen schneiden. Schalotten schälen, halbieren, längs in feine Streifen schneiden.

2 Tomatenfond in einem flachen Topf mit Knoblauch und Schalotten erhitzen, Wallerfilets hineinlegen und bei kleiner Hitze in 10 Minuten zugedeckt gar ziehen lassen. Kirschtomaten waschen, längs halbieren, Stielansätze entfernen. Tomatenhälften 3–4 Minuten vor Ende der Garzeit zum Fisch geben, alles salzen und pfeffern.

3 Wallerfilets zum Servieren in tiefe Teller legen. Olivenöl zum Tomatenfond geben und unterrühren, dann die Fischfilets mit dem Fond beträufeln und mit den Kirschtomaten anrichten.

Frischer Fisch

Sollte Ihr Fisch – vor allem Waller und Karpfen – komisch schmecken, liegt es meistens daran, dass er lange in stehendem Gewässer war – dann »mooselt« er. Das heißt nicht, dass der Fisch schlecht ist, er hat einfach diesen leicht modrigen Geschmack, gegen den man leider nichts machen kann.

Fisch

Huchenfilets mit Knoblauch und Zitrone

Zutaten
4 Huchenfilets (ca. 320 g) ¦ Salz ¦ Pfeffer ¦ 2 EL Butter ¦ 1 Knoblauchzehe ¦ 1 Bio-Zitrone

1 Huchenfilets waschen, mit Küchenpapier trocken tupfen und von beiden Seiten mit Salz und Pfeffer würzen. Backofen auf 120 °C vorheizen. Einen ofenfesten Teller mit der Butter gut einfetten, Huchenfilets mit der Hautseite nach unten darauflegen.

2 Knoblauchzehe schälen und quer in feine Scheibchen schneiden. Schale der Bio-Zitronen fein abreiben. Knoblauchscheibchen und abgeriebene Zitronenschale auf den Fischfilets verteilen. Teller mit hitzebeständiger Frischhaltefolie abdecken und den Fisch etwa 15 Minuten im vorgeheizten Backofen garen. Aus dem Backofen nehmen, auf Tellern anrichten und gleich servieren.

Mein Tipp
Zu den Huchenfilets schmecken selbst gemachte Kartoffelgnocchi (siehe Seite 116) und Gemüsenudeln (siehe Seite 108) besonders gut.

Fisch

Rollmops von der Seeforelle

Zutaten
4 Seeforellen-Filets (à ca. 200–250 g) ¦ Salz ¦ Pfeffer ¦ Chilipulver ¦
250 g junger Blattspinat ¦ Pflanzenöl zum Braten

1 Fischfilets waschen, mit Küchenpapier trocken tupfen. Mit einem scharfen Messer von der schmalen Seite aus die Haut nach und nach vorsichtig ablösen, indem man vorsichtig auf der Haut entlang schneidet (die Haut wird später noch gebraucht). Dann die Filets zwischen zwei Lagen Frischhaltefolie leicht flach klopfen, salzen, pfeffern und mit 1–2 Prisen Chilipulver würzen.

2 Blattspinat putzen, waschen, trocken schleudern und gleichmäßig auf den Fischfilets verteilen. Filets von den schmalen Enden her wie Rouladen fest aufrollen, dann die vorher abgelöste Fischhaut vorsichtig um die Rollen wickeln, alle mit Küchengarn gut zusammenbinden.

3 Backofen auf 140 °C vorheizen. Öl in einer Pfanne erhitzen und die Fischröllchen darin bei mittlerer Hitze auf der Nahtseite 2–3 Minuten anbraten. Die angebratenen Fischrouladen in eine feuerfeste, eingeölte Form legen und im vorgeheizten Backofen ca. 10 Minuten garen. Fischröllchen mit glasiertem Spargel oder Salzzitronenrisotto anrichten und gleich servieren.

Fisch

Wiener Schnitzel vom Zander

Zutaten
4 Zanderfilets (ohne Haut, à ca. 180 g) ¦ Salz ¦ Pfeffer ¦ 4 Eier ¦ 150 g Wiener Griessler ¦ 350 g Semmelbrösel (Paniermehl) ¦ 500 ml Pflanzenöl ¦ 50 g Butter

1 Zanderfilets waschen, trocken tupfen, quer halbieren, von beiden Seiten salzen und pfeffern. Eier in einen tiefen Teller aufschlagen und mit einer Gabel leicht verquirlen. Mehl auf einen zweiten Teller, Semmelbrösel auf einen dritten Teller geben. Fischstücke zuerst im Wiener Griessler wenden, dabei das überschüssige Mehl abklopfen. Danach durch das Ei ziehen, das überschüssige Ei abtropfen lassen. Zum Schluss in den Semmelbröseln wenden und dabei darauf achten, dass die Panade nicht zu fest angedrückt wird.

2 Öl in einer Pfanne erhitzen (aber nicht zu heiß werden lassen, weil sonst das Ei nicht mehr aufgehen kann!). Panierte Zanderfilets hineingeben und zuerst auf der einen Seite goldbraun backen. Dann wenden, Butter zugeben und auch die andere Seite goldbraun backen. Zanderschnitzel aus der Pfanne nehmen, auf Küchenpapier abtropfen lassen und eventuell noch einmal leicht salzen.

Mein Tipp
Dazu passt alles, was zu einem klassischen Wiener Schnitzel auch passt: Vogerlsalat, Bratkartoffeln, Kartoffelpüree, »homemade« Pommes »Annabelle« …

MEIN LIEBLINGSREZEPT

Karotten-Steckerlfisch

Egal, ob Picknick oder Acht-Gänge-Menü, egal, ob Brauereivorstand oder 5-jähriger Rotzlöffel – dieser Fisch passt immer. Entstanden ist das Gericht, als ich einen Kindergarten »coachte«. Kinder und Fisch ist oft schwierig – mit diesem Gericht ging es spielerisch. Probieren Sie das Rezept auch mal mit Schwarzwurzeln und Saibling, eine geniale Kombination.

Zutaten
4 Babykarotten (mit Grün) ┊ 200 g Saiblingsfilet (ohne Haut und Gräten, ersatzweise auch anderer Fisch) ┊ Salz ┊ Pfeffer ┊ 3 EL Butterschmalz

1 Karotten schälen und das Grün bis auf 2 cm abschneiden. In kochendem Salzwasser bei mittlerer Hitze 2–3 Minuten garen, in ein Sieb abgießen, kalt abspülen und auf Küchenpapier abtropfen lassen. Backofen auf 100 °C vorheizen.

2 Saiblingsfilet in 4 gleich große Stücke schneiden und die Stücke zwischen zwei Lagen Frischhaltefolie mit der Hand leicht plattieren.

3 Backblech mit 1 EL Butterschmalz einfetten. Die plattierten Saiblingsstücke leicht um die vorgegarten Karotten wickeln und auf das Backblech legen. Alles salzen, pfeffern, mit Butterschmalzflöckchen bestreuen und im Backofen auf der mittleren Schiene 10 Minuten garen.

Fisch

Scharf-würzige Variation

Ein besonderer Tipp, der nicht nur für dieses Gericht, sondern für alle gebratenen Fisch- und Fleischrezepte gilt: Nehmen Sie etwas asiatisches Paniermehl (Panko) und rösten es trocken in einer Pfanne an, bis es eine leicht bräunliche Farbe annimmt. Geben Sie dann einen Schuss selbst gemachtes Chiliöl (aus 500 ml Traubenkernöl und 50 g Chiliflocken) hinzu.

Wenn Sie Ihren Fisch oder Ihr Fleisch fertig braten, geben Sie die letzten paar Minuten das Chili-Panko hinzu. Das macht den Fisch oder das Fleisch besonders knusprig und gibt ihm einen besonders guten, scharf-würzigen Geschmack.

Der Karotten-Steckerlfisch mit Chili-Schärfe lässt sich wunderbar für (viele) Gäste vorbereiten.

Mein Tipp
Probieren Sie dieses Rezept im Frühjahr unbedingt mit frischen Spargelstangen – aber bitte, bitte warten Sie – wie wir auch – auf den heimischen Freilandspargel, damit es so richtig gut schmeckt.

Mein Lieblingsrezept: Karotten-Steckerlfisch

Scampi mit Chili und Ingwer

Zutaten
6–7 Scampi (ohne Schale) ¦ Olivenöl ¦ Salz ¦ Chilipulver ¦ Gemahlener Zimt ¦ 1 TL fein abgeriebene Bio-Zitronenschale ¦ 2 dünne Scheiben frischer Ingwer

1 Scampi waschen und mit Küchenpapier trocken tupfen. 2 EL Olivenöl in einer Pfanne erhitzen und die Scampi darin bei starker Hitze rundherum 1–2 Minuten anbraten.

2 Scampi mit 2–3 Prisen Salz und Chilipulver und 1 Prise Zimt würzen. Dann fein abgeriebene Zitronenschale, Ingwer und weitere 2–3 EL Olivenöl zugeben und alles bei kleiner Hitze weitere 3–4 Minuten ziehen lassen. Scampi mit dem Oliven-Gewürzfond aus der Pfanne beträufeln.

Mein Tipp
Die Scampi können auch mit dem Fond aus der Pfanne oder mit selbst gemachter Cocktailsauce serviert werden, wenn Sie ein bisschen mehr Sauce wünschen.

Cocktailsauce mit frischer Mango und Chili

Rühren Sie 8 EL Mayonnaise mit 3 EL Sahne und 2 EL Ketchup glatt. Geben Sie dann 1 Schuss Cognac (oder einen anderen Schnaps, der Ihnen gut schmeckt), 1 Spritzer Zitronensaft, Salz und Piment d'Espelette (Chili) hinzu. ½ Mango fein würfeln, pürieren und unter die Masse heben. Nach Belieben abschmecken. Statt der Mango können Sie auch ein Viertel einer Honigmelone verwenden.

Fleisch

Wenn ich am Wochenende meine Großeltern auf dem Bauernhof besuchte, brutzelte dort immer ein Braten oder Hendl für alle im Rohr. Das »Harte« dabei war, dass wir sonntags immer zuerst in den Gottesdienst mussten und erst dann kam der Genuss mit allen am Tisch.

P. S. Die Oma schmorte damals schon fast alle Braten bei kleiner Hitze – heute ist das als »Niedrigtemperaturgaren« topaktuell.

› Fleisch

Fleischgenuss
Die Bayrische Küche ist ohne ihre Fleischgerichte nicht vorstellbar. Zwar hat sich in den letzten Jahren etwas verändert, vor allem das Koch- und Essverhalten daheim: Es wird Pasta gekocht, indisch gezaubert, asiatisch »gewokt«. Der klassische Schweinbraten oder das aufwendige Böfflamott haben nicht mehr die gleiche Präsenz wie früher.

Bewusster Fleischgenuss

In unseren Kochkursen nimmt das Thema Fleisch aber immer den Hauptanteil ein. Für besondere Ereignisse, für Feiertage muss es meist ein aufwendiges Fleischgericht sein, das gekocht wird. Ich persönlich finde es super, wenn nicht jeden Tag Fleisch gegessen bzw. gekocht wird. Lieber ein-, zweimal die Woche, aber dafür dann ganz bewusst und ein besonderes Stück.

Ein Fleischskandal jagt doch den nächsten und wer ist schuld daran? Wir. Warum? Wir essen täglich Fleisch, oft mehrmals. In der Kantine, im Fastfood-Restaurant, zu Hause – und alles immer billiger. Oft ist Fleisch im Supermarkt billiger als frisches Gemüse vom Markt. Es wird in Massen billigst produziert, fährt zumal um die halbe Welt, man kassiert Subventionen und dann findet man diese für 3,49 Euro/kg im Kühlregal. Schauen Sie sich doch die Mengen an Putenbrust an – und der Preis dazu!!! Ich habe zweimal eine Putenfarm besucht. Ich werde nie wieder Pute kaufen, geschweige denn essen. Das ist abartig, wie diese Tiere gehalten werden. Aber dadurch kann es billig verkauft werden.

Früher auf dem Bauernhof gab es bei uns zweimal die Woche Fleisch. Und glauben Sie mir, es war jedes Mal ein Highlight. Und da müssen wir wieder hin: Fleisch bewusst essen und genießen. Probieren Sie es einfach mal aus: ein Monat lang zweimal die Woche Fleisch; und dafür das bestmögliche. Sie werden merken, was ich meine: Ein perfektes Steak, ein langsam geschmortes Böfflamott, eine Kalbsbrust gefüllt »wie ein Kunstwerk« im Reindl auf den Tisch – für die ganze Familie am Sonntag. Merken Sie was? Ich liebe Fleisch – aber bitte bewusst.

Gönnen Sie sich mal was Besonderes, wie zum Beispiel ein Chateaubriand im Heu auf Seite 179. Keine Angst, es wird sicher gelingen. Wenn Sie es dann irgendwann nochmals kochen, freuen Sie sich sicher die ganze Woche darauf. Und Vorfreude ist bekanntlich die schönste Freude.

Den richtigen Metzger finden

Oft werde ich gefragt: »Wo kaufe ich mein Fleisch? Bei welchem Metzger soll ich es kaufen? Woran erkenne ich einen guten Metzger?« Ausprobieren! Ihren Frisör haben Sie auch nicht beim ersten Mal gefunden. Kaufen Sie eine flache Schulter und 1 Kilo Ochsenschwanz. Wenn der Metzger da nicht die Augen verdreht, sind Sie Ihrem Ziel schon einen Schritt näher gekommen.
Auch wir Gastronomen sind natürlich immer auf der Suche nach mehr Qualität und besserem Fleisch. Aber ich kann endlich – seit drei Jahren – behaupten, meinen Metzger gefunden zu haben, der das gleiche Qualitätsdenken wie ich hat – danke, Herr Maier.
Für jeden Gast im Restaurant ist es ganz, ganz wichtig zu wissen, dass zu einem perfekten Stück Fleisch oder Steak immer drei Personen gehören: der Landwirt, der Metzger, der Koch!

Oben: Ein richtig gutes Stück Fleisch ist ein wunderbarer Genuss.

MEIN LIEBLINGSREZEPT

Böfflamott

Das Böfflamott ist für mich ein klassisches Gericht aus der Kindheit, das es jeden zweiten Sonntag im Monat bei der Oma gab (am liebsten mit Fingernudeln). Die anderen zwei Sonntage gab es natürlich Schweinebraten. Der Unterschied zum Schweinebraten ist, dass das Böfflamott schon tags zuvor geschmort wird! Und genauso wird es heute bei mir im »Moarwirt« zubereitet. Unser mit großem Abstand meist verkauftes Gericht seit 2002.

Zutaten

1,2 kg Rinderschulter (am besten ein flaches Stück) ¦ 1 große Zwiebel ¦ 2 Knoblauchzehen ¦ 100 g Knollensellerie ¦ 1 Karotte ¦ 1 kleine Stange Lauch (Porree) ¦ Salz ¦ Pfeffer ¦ 2 EL Pflanzenöl ¦ 1 EL brauner Zucker ¦ 2 EL Tomatenmark ¦ 900 ml Rotwein ¦ 250 ml Portwein ¦ 500 ml Fleischbrühe (oder Gemüsebrühe) ¦ 2 Lorbeerblätter ¦ 1 dünne Scheibe frischer Ingwer (ca. 1 cm) ¦ Korianderkörner ¦ Wacholderbeeren ¦ 1 Zweig frischer Thy-mian ¦ 1 Zweig frischer Majoran ¦ Piment ¦ Chilipulver ¦ Macis ¦ Speisestärke (nach Belieben) ¦ 100 g kalte Butter (nach Belieben)

1 Zwiebel, Knoblauch, Sellerie und Karotte schälen und grob würfeln. Lauch putzen, waschen, quer in Ringe schneiden. Fleisch waschen, mit Küchenpapier trocken tupfen, eventuell vorhandenes Fett und Sehnen entfernen, Rinderschulter rundherum salzen und pfeffern. Öl in einem Bräter erhitzen und das Fleisch darin bei mittlerer Hitze von allen Seiten in 5–6 Minuten anbraten, herausnehmen und beiseitestellen. Backofen auf 100 °C vorheizen.

2 Gemüse und braunen Zucker in den Bräter geben, alles 3–4 Minuten mitrösten. Tomatenmark untermischen, 2–3 Minuten mit braten. Rotwein und Portwein angießen, alles gut vermischen und den Wein bei mittlerer Hitze in 5–6 Minuten ganz einkochen lassen.

3 Fleisch wieder zugeben, alles mit Fleischbrühe aufgießen, Lorbeerblätter, Ingwer, je 1 TL Korianderkörner und Wacholderbeeren und die Kräuterzweige zugeben. Bräter auf der unteren Schiene in den vorgeheizten Ofen schieben, alles zugedeckt mindestens 6½, höchstens 8 Stunden schmoren lassen (je nach Dicke des Fleischstücks).

4 Bräter aus dem Ofen nehmen, das Fleisch herausheben und auf einem Teller abgedeckt im ausgeschalteten Backofen warm halten. Sauce durch ein feines Sieb in einen Topf abgießen, mit Salz, Pfeffer, Piment, Chilipulver und Macis abschmecken und noch einmal 6–8 Minuten einkochen lassen (nach Belieben kann man die Sauce auch noch mit Speisestärke andicken oder kalte Butterstücken untermischen). Fleisch in Scheiben schneiden, auf Tellern anrichten und mit der Sauce beträufelt servieren.

Und nun die wichtigsten Tipps zur Zubereitung:

Das können Sie mit jedem anderen Schmorgericht machen (egal, ob Sau, Kalb, Lamm, Wild etc.). Kaufen Sie beim Metzger eine flache Schulter, ca. 2,0 bis 2,5 kg. Parieren Sie das Fleisch auf keinen Fall, lassen Sie wirklich alles dran. Und fragen Sie Ihren Metzger, ob er noch 1 kg Ochsenschwanz hat. Der gibt Ihrer Sauce ganz viel Kraft. Beides in der Pfanne scharf anbraten, richtig schön rundherum braun anbraten (wieder das wichtige Prinzip für die Sauce, wir brauchen die Röststoffe für die Sauce). Jetzt Zwiebeln anschwitzen. Und dann geht es weiter wie im Rezept beschrieben.

Mein Lieblingsrezept: Böfflamott

Geschmorte Hirsch- oder Rehschulter

Zutaten

1,2 kg entbeinte Hirsch- oder Rehschulter (am besten ein möglichst flaches Stück, oder 800–1200 g entbeinte Hirsch- oder Rehkeule) | Salz | 4 EL Sonnenblumenöl | 3 Zwiebeln | 1 Karotte | 1 Petersilienwurzel | 1 Scheibe Knollensellerie | 1 Tomate | 1 EL Zucker | 1 TL Tomatenmark | 750 ml guter Rotwein | 1,5–2 l Wild- oder Kalbsfond | 1 geschälte Knoblauchzehe | 1 EL fein abgeriebene Zitronenschale | 1 Zweig frischer Rosmarin | 1 Nelke | ½ TL gemahlener Piment | 1 Sternanis | Pfeffer | 100 g Butter

1 Fleisch waschen, mit Küchenpapier trocken tupfen, Sehnen und Fettreste entfernen, rundherum salzen. 2 EL Öl in einer großen Pfanne erhitzen und das Fleisch bei mittlerer Hitze in 4–5 Minuten anbraten.

2 Gemüse schälen und grob würfeln. Tomate waschen, vierteln, Stielansatz entfernen, Fruchtfleisch grob würfeln. Restliches Öl in einem flachen Bratentopf erhitzen, Gemüse mit dem Zucker zugeben und 3–4 Minuten anbraten. Etwa ⅓ des Rotweins angießen und einkochen lassen. Sobald eine marmeladenartige Konsistenz erreicht ist, das Tomatenmark zugeben, kurz mit anschwitzen. Dann das zweite Drittel des Rotweins angießen und wieder einkochen, mit dem restlichen Rotwein ebenso verfahren.

3 Backofen auf 120 °C vorheizen. Fond angießen, alles aufkochen und die Schulter hineinlegen. Topf mit Backpapier abdecken und alles auf der unteren Schiene im vorgeheizten Ofen etwa 2 Stunden schmoren lassen. Bratentopf aus dem Backofen nehmen, Fleisch herausnehmen, auf ein Backblech legen und mit einen nassen, kalten Geschirrtuch abdecken und auskühlen lassen. Sauce erhitzen und bei mittlerer Hitze etwa auf die Hälfte einkochen.

4 Knoblauch, Zitronenschale und Gewürze zugeben, alles mit Salz und Pfeffer abschmecken und bei kleiner Hitze etwa 15 Minuten ziehen lassen. Sauce durch ein feines Sieb in einen zweiten Topf gießen. Kalte Butter zugeben und mit dem Pürierstab aufschlagen. Die abgekühlten Fleischscheiben in der Sauce bei kleiner Hitze 5–10 Minuten ziehen lassen.

Fleisch

Rinderlende

Zutaten

1 kg Rinderlende ¦ 3 EL Sonnenblumenöl ¦ Salz ¦ Pfeffer ¦ 60 g Butter ¦
Frische Kräuter, z.B. Rosmarin, Thymian (nach Belieben)

1 Rinderlende etwa 30 Minuten vor dem Braten aus dem Kühlschrank nehmen. Backofen auf 80 °C vorheizen. 2 EL Öl in einer ofenfesten Pfanne erhitzen, Lende leicht salzen und bei starker Hitze von jeder Seite ca. 2–3 Minuten anbraten. Pfanne auf der mittleren Schiene in den vorgeheizten Ofen stellen und das Fleisch hier etwa 25 Minuten ruhen lassen.

2 Pfanne mit dem Fleisch aus dem Ofen nehmen. In einer zweiten Pfanne die Butter mit dem restlichen Öl erhitzen und die Rinderlende darin noch einmal von jeder Seite knusprig anbraten, dabei kurz vor dem Bratende die Kräuter dazugeben.

Anbraten

Räumen wir mit einem kulinarischen Märchen auf: Fleisch hat keine Poren, die sich beim Anbraten verschließen. Es ist eine Reaktion, bei der sich die Zuckermoleküle mit den Aminosäuren des Eiweißes verbinden … Und dadurch entsteht die von allen geliebte Kruste. Genau diese Kruste gibt bei Schmor- und Bratengerichten der Sauce den guten Geschmack und die tolle Farbe.

Kalbsbrust mit Brezen-Weißwurst-Liebstöckelfüllung

Zutaten

1,4 kg Kalbsbrust (beim Metzger vorbestellen und eine Tasche einschneiden lassen) ¦ 150 g Brezen oder Laugenstangen ¦ 100 g Toastbrot ¦ 1 Paar Weißwürste ¦ 2 EL Öl ¦ 2 EL Butter ¦ 1 Zwiebel ¦ 1 Knoblauchzehe ¦ 3 EL Petersilienblättchen, fein geschnitten ¦ 3 EL Liebstöckelblättchen, fein geschnitten ¦ 80 ml Milch ¦ 3 Eier ¦ Salz ¦ Pfeffer ¦ Macis

1 Brezen und Toastbrot in sehr feine Würfel schneiden. Je 1 EL Öl und Butter in einer Pfanne erhitzen, etwa ein Drittel der Brezen- und Brotwürfel zugeben und darin unter Rühren bei kleiner Hitze 3–4 Minuten anrösten. In eine Schüssel geben und beiseite stellen.

2 Zwiebel und Knoblauch schälen und fein würfeln. Wieder je 1 EL Öl und Butter in der Pfanne erhitzen, Zwiebel und Knoblauch zugeben und unter Rühren bei kleiner Hitze 3–4 Minuten andünsten. Weißwürste häuten, Wurstbrät quer in feine Scheibchen schneiden, mit der Petersilie und dem Liebstöckel zu den Zwiebeln in die Pfanne geben und noch 3–4 Minuten mitdünsten.

3 Die restlichen Brezen- und Brotwürfel in eine zweite Schüssel geben. Die lauwarme Milch und die verquirlten Eier untermischen, dann den Zwiebel-Weißwurst-Mix und die gerösteten Brezen- und Brotwürfel zugeben, alles mit Salz, Pfeffer und Macis würzen, gründlich vermischen und für 30 Minuten abgedeckt ruhen lassen.

4 Backofen auf 160 °C vorheizen. Kalbsbrust waschen, mit Küchenpapier trocken tupfen. So viel Knödelmasse in die Fleischtasche füllen, dass ein etwa fingerbreiter Fleischrand bleibt. Dann die Tasche mit Zahnstochern gut verschließen oder mit Küchengarn zunähen. Gefüllte Kalbsbrust auf ein Backofengitter legen, mit einem Abtropfblech für den Fleischsaft auf der mittleren Schiene in den Ofen schieben und etwa 1 Stunde schmoren lassen.

Roulade von der Ochsenlende

Zutaten

500 g Ochsenlende (ohne Sehnen) ¦ 60 g Rucola ¦ 1 kleine
Knoblauchzehe ¦ 75 g Quark (20-40 % Fett i. Tr.) ¦ 100 g Parmesan,
frisch gerieben ¦ 30 g geriebenes Weißbrot ohne Rinde ¦ Cayennepfeffer ¦
2-3 EL Pflanzenöl

1 Die Ochsenlende in feine Scheiben schneiden. Ochsenlendenscheiben zwischen zwei Bahnen Frischhaltefolie legen und mit der Hand, einer Stielkasserolle oder einem Nudelholz leicht plattieren. Backofen auf 160 °C vorheizen.

2 Rucola putzen, waschen und fein schneiden. Löwenzahnblüten waschen und mit Küchenpapier trocken tupfen. Knoblauch schälen und fein hacken. Quark, Parmesan und Semmelbrösel in eine Schüssel geben und gründlich vermischen. Rucola und Knoblauch zur Quarkmasse geben, vorsichtig unterheben und mit Cayennepfeffer abschmecken (nicht salzen, da der Parmesan schon würzig genug ist).

3 Quarkmasse gleichmäßig auf den Fleischscheiben verstreichen, Scheiben jeweils zu einer Roulade eindrehen. Öl in einer großen, ofenfesten Pfanne erhitzen, Rouladen zuerst auf der »Naht« hineinlegen und bei mittlerer Hitze 3–4 Minuten anbraten, dann einmal wenden und auf der zweiten Seite ebenfalls 3–4 Minuten anbraten.

4 Pfanne mit den angebratenen Rouladen auf die mittlere Schiene in den vorgeheizten Backofen geben, Fleisch 5–8 Minuten ziehen lassen.

Mein Tipp

Dazu passen die Schlutzkrapfen mit Basilikum-Füllung (siehe Seite 105).

Fleisch

Schweinebraten

Zutaten
2 kg Schweinenacken (mit Schwarte) | 2 EL Dijon-Senf | 3 Knoblauchzehen | 1 EL getrockneter Majoran | 2 EL ganzer Kümmel | Salz | Pfeffer | 2 l Kalbs- oder Rinderfond | ½ Knollensellerie | 5 Schalotten | 3 Kartoffeln | 5 Karotten | 2 Lorbeerblätter | 1 Stück frischer Ingwer (ca. 3 cm) | 2 frische Majoranzweige

1 Die Schwarte vom Schweinebraten mit einem scharfen Küchenmesser rautenförmig einschneiden (oder vom Metzger einschneiden lassen). Senf mit 1 geschälten und fein gehackten Knoblauchzehe, 1 EL Majoran und 2 EL Kümmel vermischen, kräftig salzen und pfeffern, die Schweinebratenunterseite damit bestreichen. Fleisch in eine Schüssel legen und über Nacht zugedeckt im Kühlschrank durchziehen lassen.

2 Backofen auf 160 °C vorheizen. Schweinebraten rundherum noch einmal mit Salz und Pfeffer würzen und mit der Schwarte nach unten in einen Bräter legen. Kalbs- oder Rinderfond angießen, Braten auf der mittleren Schiene im vorgeheizten Backofen etwa 80 Minuten garen.

3 Sellerie, Schalotten, Kartoffeln, Karotten und 2 Knoblauchzehen schälen und grob würfeln. Schweinebraten wenden, Gemüse um den Braten herum verteilen, alles weitere 60 Minuten garen. Lorbeerblätter, in Scheiben geschnittenen Ingwer und Majoranzweige zugeben, alles noch einmal 20 Minuten im Ofen garen.

Mein Tipp
Natürlich können Sie auch eine Schulter nehmen; mir ist aber der Nacken lieber, da er saftiger ist.

MEIN LIEBLINGSREZEPT

Das Filetsteak

Die Königsdisziplin eines jeden Hobbykochs ist das perfekte Filetsteak. Ich verrate Ihnen meine »Acht Gebote«: Unser Ziel ist es, das rohe, saftige Fleisch so zu braten und zu garen, dass es beim Servieren auch noch so saftig ist wie im Rohzustand.

1 Bitte keine Kompromisse beim Einkauf, kaufen Sie das bestmögliche Fleisch. Lieber noch eine Woche sparen und dann ein gutes Steak kaufen als jede Woche ein durchschnittliches und schlechtes Filetsteak zu essen.

2 Das Fleisch rechtzeitig aus dem Kühlschrank nehmen, mindestens 60 Minuten vor dem Braten!!

3 Ich bin ein Freund davon, das Fleisch vor dem Braten zu salzen – natürlich nicht eine Stunde vorher, 1–2 Minuten reichen völlig aus! Sie fragen, »warum?« Da wir das Steak im Ofen braten, kann das Salz einziehen und unser Steak schmeckt einfach »voller«.

4 Die Pfanne auf mittlere Hitze aufheizen und unser Steak von jeder Seite etwa 25–30 Sekunden anbraten, bitte auch den Rand. Bitte nicht länger und auch nicht heißer braten.

5 Je länger und je heißer Sie das Steak anbraten, umso trockener wird es. Den Backofen nur auf 80 Grad vorheizen.

6 Jetzt das Steak auf ein Gitter legen (ein Backblech darunterschieben) und etwa 30 Minuten entspannt ruhen lassen.

7 Wichtig: etwa alle 6–8 Minuten umdrehen. So kann sich der Fleischsaft immer wieder neu von oben nach unten verteilen. Dadurch bleibt unser Steak saftig und beim Aufschneiden bleibt der Fleischsaft im Fleisch und läuft nicht aus.

8 Nach etwa 30 Minuten im Ofen das Steak noch mal in der Pfanne in aufschäumender Butter mit frischen Kräutern rundherum anbraten. Nach dem Braten noch 1–2 Minuten ruhen lassen.

Lassen Sie Ihrem Steak die Zeit, die es braucht. Nehmen Sie nie große Hitze, da wird es dann für Sie extrem stressig. Denn je höher die Hitze ist, umso schneller müssen Sie reagieren, da Ihr Fleisch sonst im Nu durch ist – und ganz ehrlich – für was dieser Stress?

Viele fragen immer: »Ein bis zwei Steaks sind kein Problem, aber für mehrere klappt es nie!« Lassen Sie sich Zeit. Braten Sie Ihre Steaks ruhig schon nachmittags an, Sie können es einfach vom Herd nehmen, abkühlen lassen und mit Frischhaltefolie abdecken.

Eine halbe Stunde bevor Ihre Gäste es genießen dürfen, ab ins Rohr damit, bei 80 bis 90 Grad und dann einfach »zur letzten Ölung« noch mal in die »verzauberte« Gewürzpfanne – dazu schmelzen Sie 3 EL Butter in einer Pfanne und geben ganz nach Ihrem Geschmack Gewürze (Rosmarin, Thymian, Lavendel, Orangenschale …) hinzu. Gepfeffert wird das Steak erst ganz am Ende, damit die ätherische Öle des Pfeffers nicht verbrennen.

Mein Lieblingsrezept: Das Filetsteak

Lammrücken

Zutaten

800 g Lammrücken ohne Haut ¦ Salz ¦ 3 EL Sonnenblumenöl ¦ 2 EL Olivenöl ¦ 50 g Butter ¦ 1 Knoblauchzehe ¦ Rosmarin, Thymian, Bohnenkraut, Lavendelblüten (nach Belieben) ¦ Pfeffer

1 Lammrücken waschen, mit Küchenpapier trocken tupfen, rundherum salzen. Backofen auf 80 °C vorheizen. Öl in einer ofenfesten Pfanne erhitzen, Lammrücken bei mittlerer Hitze von allen Seiten anbraten. Pfanne mit dem angebratenen Lammrücken auf der mittleren Schiene in den vorgeheizten Backofen stellen und das Fleisch darin 5–8 Minuten ruhen lassen.

2 In der Zwischenzeit in einer zweiten Pfanne Olivenöl und Butter erhitzen, dann Lammrücken zugeben und noch einmal rundherum 3–4 Minuten knusprig anbraten, dabei nach Belieben eine geschälte Knoblauchzehe, Rosmarin, Thymian, Bohnenkraut oder Lavendelblüten mit braten. Lammrücken mit Salz und Pfeffer würzen und mit der Olivenöl-Butter-Kräutermischung servieren.

Rehrücken

Zutaten

800 g Rehrücken ohne Haut ¦ Salz ¦ 2 EL Sonnenblumenöl ¦ 60 g Butter ¦ 2 EL Olivenöl ¦ 1 Knoblauchzehe ¦ 1 Zweig frischer Koriander ¦ 1 Zweig frischer Rosmarin ¦ ¼ Stange Zimt ¦ 3 Wacholderbeeren ¦ Pfeffer

1 Der Rehrücken wird genauso zubereitet wie der oben beschriebene Lammrücken.

Fleisch

Entrecôte

Zutaten

1 kg Entrecôte ¦ 3 EL Sonnenblumenöl ¦ Salz ¦ Pfeffer ¦ 60 g Butter ¦ Frische Kräuter (z. B. Rosmarin, Thymian, nach Belieben) ¦ 1 Knoblauchzehe (nach Belieben)

1 Entrecôte etwa 30 Minuten vor dem Braten aus dem Kühlschrank nehmen. Backofen auf 80 °C vorheizen. 2 EL Öl in einer ofenfesten Pfanne erhitzen, Entrecôte von beiden Seite leicht salzen und bei starker Hitze von jeder Seite etwa 2 Minuten anbraten, pfeffern und im vorgeheizten Ofen 25 Minuten ruhen lassen.

2 Fleisch aus dem Ofen nehmen. In einer zweiten Pfanne die Butter mit dem restlichen Öl erhitzen und das Entrecôte darin noch einmal von jeder Seite 1–2 Minuten knusprig anbraten, nach Belieben Rosmarin, Thymian und eine geschälte Knoblauchzehe mitbraten.

Gebratene Entenbrust

Zutaten

4 Entenbrust-Filets (à 180–200 g) ¦ Salz ¦ Pfeffer

1 Ein Backofengitter mit Abtropfblech auf der mittleren Schiene in den Ofen schieben, Backofen auf 130 °C vorheizen. Entenbrust waschen und trocken tupfen. Die Haut nicht einritzen, sonst gelangt die Hitze direkt ans Fleisch. Filets mit der Hautseite nach unten in eine Pfanne ohne Fett legen und bei mittlerer Hitze etwa 5 Minuten anbraten. Brüste wenden, 1 Minute anbraten.

2 Filets mit der Hautseite nach oben auf das Ofengitter in den vorgeheizten Ofen legen und hier etwa 15 Minuten durchziehen lassen. Pfanne mit dem Entenfett von der Haut wieder auf den Herd stellen und erhitzen. Filets darin von jeder Seite noch einmal etwa 1 Minute braten, salzen und pfeffern.

Krautwickerl vom Kalbsfilet

Zutaten

1 kleiner Weißkohl oder Spitzkohl ¦ 700 g Kalbsfilet ¦ 2 EL Pflanzenöl ¦ 80 g entrindetes Toastbrot ¦ 60 ml Milch ¦ 1 Zwiebel ¦ 2 EL Butter ¦ 300 g Schweinehackfleisch ¦ 100 g Kalbshackfleisch ¦ 2 Eier ¦ 10 g scharfer Senf ¦ 1 TL frischer Majoran, geschnitten ¦ 2 TL Blattpetersilie, fein geschnitten ¦ Salz ¦ Pfeffer

1 4 große Blätter des Weißkohls in kochendem Salzwasser blanchieren, mit Eiswasser abschrecken und abtropfen lassen. Das Kalbsfilet im heißen Öl kurz von allen Seiten anbraten und zur Seite stellen. Das Toastbrot in kleine Würfel schneiden und mit der lauwarmen Milch übergießen. Die Zwiebel schälen und in kleine Würfel schneiden. Butter in einer Pfanne erhitzen und die Zwiebeln darin glasig dünsten. Das Schweine- und Kalbshackfleisch mit Toastbrotwürfeln, Zwiebeln, Ei, Senf, Majoran und Petersilie vermischen. Mit Salz und Pfeffer würzen.

2 Von den blanchierten Kohlblättern mit einem Messer die großen Blattrippen vorsichtig flachschneiden. Die Kohlblätter auf die Arbeitsfläche legen, sodass sie ein bisschen übereinanderliegen, mit der Hackfleischmasse bestreichen und das Kalbsfilet darauflegen. Die schmalen Seiten einschlagen und von der Längsseite her fest aufrollen, dann mit Küchengarn festbinden und auf ein Backblech legen. Den Backofen auf 180 °C vorheizen. Krautwickerl auf mittlerer Schiene ca. 20–25 Minuten garen.

Schweinefilet im Kartoffelmantel

Für den Kartoffelmantel einen Reiberdatschi wie auf Seite 123 angegeben machen und auf einer Seite langsam etwa 3–4 Minuten anbraten. Die gebratene Seite auf ein sauberes Geschirrtuch legen. Die rohe Kartoffelseite mit Kräutern bestreuen. 500 g Schweinfilet salzen und pfeffern, mit 1 EL süßem Senf einreiben und in 100 g Semmelbröseln rollen. Das Schweinefilet mithilfe des Geschirrtuchs fest einrollen. Den Backofen auf 180 °C vorheizen. Die Kartoffelrolle auf ein Backblech legen und 12–15 Minuten backen.

MEIN LIEBLINGSREZEPT

»Chateaubriand« im Almheu, gegart in der Salzkruste

Natürlich können Sie auch andere Fleischstücke, wie Kalbsfilet oder Hirschrücken, in der Salzkruste garen. Wichtig ist, dass Sie Mehl und Speisestärke verwenden, damit Sie zu Hause nicht die gleiche »Sauerei« haben wie bei den meisten Italienern. Denn die kennen das »Geheimnis« von Mehl und Speisestärke offenbar nicht.

Zutaten
800–1000 g Chateaubriand vom Ochsen ¦ Almheu vom zweiten Schnitt ¦ 2 kg grobes Meersalz ¦ 4 Eier ¦ 30 g Mehl ¦ 30 g Speisestärke ¦ 2 EL Pflanzenöl ¦ 1 Rosmarinzweig ¦ 1 Stück frischer Ingwer (ca. 3 cm) ¦ 1 Handvoll Salbeiblättchen ¦ Salz ¦ Pfeffer

1 Eier trennen (Eigelb aufbewahren und anderweitig verwenden), Eiweiß mit Salz, Mehl und Speisestärke in einer Schüssel gut vermischen. Fleisch waschen, mit Küchenpapier trocken tupfen, Haut und eventuell vorhandene Sehnen entfernen. Öl in einer Pfanne erhitzen, Fleisch darin von jeder Seite bei starker Hitze anbraten.

2 Rosmarinblättchen vom Stiel streifen, Ingwer schälen. Rosmarin, Ingwer und Salbeiblättchen sehr klein schneiden. Fleisch salzen, pfeffern und mit der Gewürzmischung von beiden Seiten einreiben.

3 Backofen auf 100 °C vorheizen. Backblech mit Backpapier auslegen. Etwas Eiweiß-Salz-Masse auf das Blech geben, eine Handvoll Heu darauf verteilen. Fleisch auf das Heu legen und mit einer zweiten Handvoll Heu bedecken. Restliche Eiweiß-Salz-Masse darüber geben, mit den Händen verteilen, gut andrücken, sodass alles geschlossen ist. Bräter auf der mittleren Schiene in den vorgeheizten Ofen schieben und das Almheu-Chateaubriand 60 Minuten garen. Aus dem Ofen nehmen, Salzkruste mit einem Hammer oder einem Fleischklopfer aufklopfen. Fleisch aus der Kruste nehmen, Heu und Salz entfernen, gegartes Fleisch in feine Scheiben schneiden.

Fleisch

Hechenberger vom Chateau im Heu

Zutaten

Für das Burgerbrötchen: 500 g Buttermilchbrot (oder anderes weiches, frisches Weißbrot) ¦ 100 ml Milch ¦ 2 Schalotten ¦ 1 Knoblauchzehe ¦ 60 g Butter ¦ 3 EL Petersilienblättchen, fein geschnitten ¦ Salz ¦ Pfeffer ¦ Macis ¦ 5 Eier ¦ 2 EL Wiener Griessler ¦ 2–3 Essiggurken ¦ 1 EL Dijon-Senf ¦ 1 TL fein abgeriebene Bio-Zitronenschale ¦ 1 EL Ketchup
Zum Belegen: 4 Scheiben Chateau im Heu (s. S. 179) ¦ Tomaten, Gurken, Salat, Sauce nach Belieben

1 Brot in Würfel schneiden und in eine Schüssel geben, mit der lauwarmen Milch beträufeln. Schalotten und Knoblauch schälen und fein hacken. Butter erhitzen, Schalotten, Knoblauch und Petersilie zugeben und bei kleiner Hitze 2–3 Minuten andünsten. Alles zu den Brotwürfeln geben, mit Salz, Pfeffer und Macis würzen, leicht vermischen und mindestens 30 Minuten abgedeckt durchziehen lassen. Essiggurken fein würfeln und zusammen mit Senf, Zitronenschale und Ketchup unter die Masse heben.

2 Reichlich Salzwasser in einem großen Topf erhitzen. Eier in einer Schüssel aufschlagen und nur leicht verrühren, dann unter die Brotmasse mischen. Wiener Griessler zugeben, alles gut vermischen. Dann mit bemehlten Händen aus der Masse große Knödel formen, in das kochende Wasser geben und bei kleiner Hitze 10–12 Minuten gar ziehen lassen. Die Knödel halbieren, nach Wunsch belegen.

Mein Lieblingsrezept: Hechenberger vom Chateau im Heu

181

Tafelspitz

Zutaten

1,2 kg Kalbstafelspitz | 2 EL Pflanzenöl | Salz | 1 Zwiebel | 2 Karotten | 1 reife Tomate | 150 g Knollensellerie | 1 Petersilienwurzel | ½ Stange Lauch | 1 Lorbeerblatt | 3 Wacholderbeeren | 4–5 schwarze Pfefferkörner | 3 Petersilienzweige | 1 Knoblauchzehe | etwas Zitronenschale

1 Das Fleisch waschen und mit Küchenpapier trocken tupfen. Öl in einem Bratentopf erhitzen und das Fleisch darin bei mittlerer Hitze rundherum anbraten. So viel Wasser angießen, dass das Fleisch gut bedeckt ist, leicht salzen und den Tafelspitz bei kleiner Hitze etwa 3 Stunden mehr ziehen als kochen lassen, dabei den aufsteigenden Schaum immer wieder abschöpfen.

2 Zwiebel, Karotten, Tomate, Sellerie und Petersilienwurzel schälen, halbieren und 30 Minuten vor Ende der Garzeit zum Tafelspitz geben.

3 Lauch putzen, waschen und 15 Minuten vor Ende der Garzeit mit Lorbeerblatt, Wacholderbeeren, Pfefferkörnern und Petersilienzweigen in die Brühe geben.

Mein Tipp

Dazu passen selbst gemachter Birnenmeerettich, Röstkartoffeln, Kartoffelpüree und glasierter Blattspinat. Natürlich können Sie auch das mitgekochte Gemüse servieren.

Birnenmeerrettich

1 frische, saftige Birne (am besten Williamsbirnen) schälen und fein reiben. Mit einem Spritzer Zitronensaft, 1 Prise Salz und 5 g frisch geriebenem Meerrettich verrühren.

Rindergulasch

Zutaten

2 kg Rindfleisch (aus der Wade oder aus der Schulter) ¦ 2 kg weiße Zwiebeln ¦ 50 ml Öl ¦ 3 EL Butter ¦ 1 EL Zucker ¦ 2 Knoblauchzehen ¦ 1 Flasche guter Rotwein ¦ 4 EL Paprikamark ¦ 1 EL Paprikapulver (edelsüß) ¦ 2 EL Ketchup ¦ 2 l Ochsenschwanzjus (s. S. 39) ¦ 1 TL getrockneter Majoran ¦ ½ TL schwarzer Sesam ¦ 1 TL fein abgeriebene, unbehandelte Zitronenschale ¦ ½ TL gemahlener Kümmel ¦ Salz ¦ Pfeffer

1 Fleisch waschen, mit Küchenpapier trocken tupfen, Sehnen und Fett entfernen, dann in ca. 3 × 3 cm große Würfel schneiden. Zwiebeln schälen und grob würfeln. 25 ml Öl mit der Butter in einem großen Schmortopf erhitzen, Zwiebeln zugeben, mit Zucker bestäuben, alles gut vermischen.

2 Knoblauch schälen, quer in dünne Scheiben schneiden, zu den Zwiebeln geben, alles bei mittlerer Hitze unter Rühren 6–8 Minuten schmoren lassen. Ein Drittel vom Rotwein angießen, Paprikamark untermischen, alles weitere 3–4 Minuten garen. Ein weiteres Drittel Rotwein zugeben und wieder 3–4 Minuten einkochen lassen.

3 Restlichen Rotwein mit dem Paprikapulver glatt rühren, mit Ketchup und Grundsauce zum Zwiebelmix geben, alles noch einmal 3–4 Minuten köcheln lassen. Restliches Öl in einer großen Pfanne erhitzen, Fleischwürfel zugeben und bei starker Hitze unter Rühren kräftig anbraten (je mehr Röstaroma am Fleisch ist, umso kräftiger wird die Gulaschsauce). Backofen auf 140 °C vorheizen. Angebratenes Fleisch in den Schmortopf zur Zwiebel-Rotweinsauce geben, Topf mit Backpapier abdecken, auf den Backofenboden stellen und so alles etwa 2 ½ bis 3 Stunden garen. Topf aus dem Ofen nehmen, das Fleisch mit einem Schaumlöffel herausfischen und beiseitestellen.

4 Topf wieder auf den Herd stellen, Majoran, Sesam, Zitronenschale und Kümmel zugeben, mit Salz und Pfeffer abschmecken und die Sauce bei mittlerer Hitze 6–8 Minuten einkochen lassen. Fleisch wieder zugeben und noch einmal 5–6 Minuten bei kleiner Hitze in der Sauce ziehen lassen.

Kalbsschulter

Zutaten

1,2 kg Kalbsschulter ¦ Salz ¦ Pfeffer ¦ 3 EL Pflanzenöl ¦ 1 große Zwiebel ¦
2 Knoblauchzehen ¦ 100 g Knollensellerie ¦ 1 Karotte ¦ 1 kleine Stange
Lauch ¦ 2 EL brauner Zucker ¦ 2 EL Tomatenmark ¦ 900 ml Rotwein ¦
500 ml Fleischbrühe (oder Gemüsebrühe) ¦ 250 ml Portwein ¦ 2 Lorbeerblätter ¦ 1 TL Korianderkörner ¦ 3-4 Wacholderbeeren ¦ 1 Scheibe frischer
Ingwer (ca. 1 cm) ¦ Chiliflocken ¦ Gemahlener Piment ¦ Macis ¦
Je 1 TL frische Thymian- und Majoranblättchen (nach Belieben),
fein gehackt ¦ 2 EL kalte Butter (nach Belieben)

1 Fleisch waschen, trocknen, Fett und Sehnen entfernen, rundherum salzen und pfeffern. Öl in einem großen Bratentopf erhitzen, Fleisch zugeben, bei mittlerer Hitze von allen Seiten in 6–8 Minuten anbraten. Herausnehmen und abgedeckt beiseitestellen. Backofen auf 80 °C vorheizen.

2 Zwiebel, Knoblauch, Sellerie und Karotte schälen und grob würfeln. Lauch putzen, waschen, quer in Ringe schneiden. Gemüse und braunen Zucker in den Bratentopf geben, alles gut vermischen und 3–4 Minuten andünsten. Tomatenmark, Rotwein und Portwein untermischen und bei mittlerer Hitze köcheln lassen, bis die Flüssigkeit nahezu ganz verdampft ist.

3 Fleisch, Fleischbrühe, Lorbeerblätter, Korianderkörner, Wacholderbeeren und ungeschälten Ingwer zum Gemüsemix geben, alles im vorgeheizten Ofen auf der mittleren Schiene 6–7 Stunden zugedeckt schmoren lassen.

4 Fleisch aus der Sauce nehmen und warm stellen. Sauce durch ein Sieb in einen zweiten Topf abgießen, dabei das Gemüse leicht ausdrücken. Sauce noch einmal auf den Herd stellen und bei kleiner Hitze bis zur gewünschten Konsistenz einkochen lassen, mit Chiliflocken, Piment, Macis, Salz und Pfeffer abschmecken und nach Belieben mit Thymian, Majoran und kalten Butterstückchen verfeinern.

Mein Tipp

Für eine besonders schöne Saucenkonsistenz sollten Sie unbedingt ein Stück Kalbsschwanz oder Kalbsfuß mitbraten!

MEIN LIEBLINGSREZEPT

Haschee »Bolognese«

Jetzt werden Sie denken, ein Rezept für Bolognese – oder wie wir in Bayern sagen: Haschee –, das kann doch jeder! Stimmt, mit Sicherheit können Sie Bolognese kochen. Das sagte auch eine »Clique«, die sicher den vierten bis fünften Kochkurs bei mir machte. Der Organisator des Kurses wollte etwas ganz besonderes! »Es sind schon fast Profis dabei, bitte ein anspruchsvoller Kochkurs.« Sie hätten mal die Gesichter sehen sollen, als ich bei der Vorbesprechung sagte, wir kochen heute Bolognese – es war einer der besten Kochkurse, die ich in den letzten neun Jahren gegeben habe.

Ich werde Ihnen nur ein grobes Grundrezept geben, da Sie Ihr eigenes »Lieblingsrezept« aufschreiben sollten.

Sie benötigen die bestmöglichen Tomaten, die Sie bekommen können. Machen Sie vielleicht das Planen von der Qualität der Tomaten abhängig. Dazu Zwiebeln, Knoblauch, 1 Dose Tomaten (nur die beste Qualität), Ihr Lieblings-Olivenöl, Zucker, Salz und das Fleisch – basta, das war's!

Als Erstes die Tomaten fein würfeln und salzen. Das Hackfleisch (am besten aus Ochsenwade oder Ochsenhals) salzen und immer kleine Portionen in der Pfanne scharf anbraten, richtig schön dunkel: Je dunkler es ist, umso kräftiger wird nachher die Bolognese, denn die Röststoffe geben den besten Geschmack an die Bolognese ab.

Sobald das Fleisch angebraten ist, beiseitestellen. Dann die Zwiebeln fein würfeln und in Olivenöl in einem großen Topf anschmoren, aber nicht zu dunkel, denn sonst schmecken Sie die Zwiebel zu dominant heraus. Den Knoblauch fein würfeln, zugeben und kurz mit anrösten. Jetzt die klein geschnittenen Tomaten mit Saft zugeben, Dosentomaten dazugeben und etwa 20 Minuten einkochen.

Jetzt das Fleisch zugeben und den Backofen auf 120 Grad vorheizen. Den Topf mit Backpapier abdecken, das heißt, das Backpapier direkt auf das Sugo legen und ab ins Backrohr. Das Entscheidende am Backrohr ist, dass so der Topf von allen Seiten die Hitze abbekommt. Und Ihre Bolognese brennt nicht an.

Die Zeit bestimmen Sie einfach selber. Ich würde die Bolognese sicher 3 Stunden leicht köcheln lassen. Sie können gerne nach 3 Stunden die Sauce mit Speisestärke leicht abbinden. Das entstandene Fett abschöpfen. Jetzt können Sie die Sauce nach eigenem Geschmack würzen und Kräuter nach Belieben zugeben.

Trauen Sie sich, probieren Sie einfach mal Verschiedenes aus und testen, was Ihr Lieblings-Haschee-Rezept wird.

Mein Tipp
Sie können das Haschee ganz klassisch mit Pasta servieren oder Sie entscheiden sich für die Kombination aus italienischer und bayrischer Küche und servieren das Haschee mit einem selbst gemachten Semmelknödel.

Mein Lieblingsrezept: Haschee »Bolognese«

Entenconfit

Zutaten

6 Entenkeulen (à 120–140 g) ¦ 500 g Entenschmalz (oder Gänseschmalz) ¦
250 g Schweineschmalz ¦ Salz ¦ Pfeffer ¦ 1 kleiner Apfel ¦ 1 kleine Zwiebel ¦
1 kleine Knoblauchknolle (quer halbiert) ¦ 4–5 Wacholderbeeren ¦
3 Lorbeerblätter

1 Entenkeulen waschen, mit Küchenpapier trocken tupfen, Haut und Sehnen entfernen. Entenschmalz und Schweineschmalz in einem Bratentopf bei kleiner Hitze erwärmen.

2 Die Entenkeulen salzen und pfeffern und zum Braten in das warme Schmalz geben. Apfel waschen, vierteln, Kernhaus und Stielansatz entfernen, Zwiebel schälen und ebenfalls vierteln. Zusammen mit den Gewürzen zu den Keulen geben und bei kleiner Hitze 30–40 Minuten im Schmalz garen, dabei zwei- bis dreimal wenden (zur Garprobe mit einer Gabel in das Fleisch stechen – es sollte weich sein und sich leicht von der Gabel lösen).

3 Die geschmorten Entenkeulen aus dem Schmalz nehmen und mit Blaukraut und Kartoffelknödel servieren.

Mein Tipp

Statt das Entenconfit gleich zu servieren, können Sie es natürlich auch einwecken.
Sie lieben knusprige Entenhaut? Schalten Sie im Ofen die Grillfunktion ein und lassen Sie die Keulen auf einem flachen Blech knusprig braten.

MEIN LIEBLINGSREZEPT

Wiener Schnitzel

Wahrscheinlich gehört das Wiener Schnitzel zu den beliebtesten Essen bei fast allen Köchen, bei Kindern, bei Jung und Alt ... Wenn wir essen gehen, ist eigentlich immer mindestens ein Wiener Schnitzel auf dem Tisch! Ein richtiges Wiener Schnitzel kann ein kleines Kunstwerk sein oder eine totale Katastrophe. Aber zum Glück gibt es einige Regeln – und wenn Sie diese beachten, können Sie mit ein bisschen Übung ein echter »Schnitzelmeister« werden!

Zutaten
4 Kalbsschnitzel aus der Oberschale (à 180 g) ¦ Salz ¦ Pfeffer ¦ 150 g Wiener Griessler ¦ 4 Eier ¦ 350 g Semmelbrösel (Paniermehl) ¦ 500 ml Pflanzenöl ¦ 50 g Butter

1 Schnitzel zwischen Frischhaltefolie dünn klopfen und von beiden Seiten mit Salz und Pfeffer würzen. Jetzt drei Schalen oder tiefe Teller vorbereiten: eine mit Mehl, eine mit den grob verquirlten Eiern, eine mit Paniermehl.

2 Die Schnitzel zuerst im Mehl wenden und das überschüssige Mehl abklopfen. Dann die mehlierten Schnitzel durch das Ei ziehen, leicht abtropfen lassen und als Letztes in den Semmelbröseln wenden (dabei die Semmelbrösel nicht zu fest andrücken).

3 Das Öl in einer großen Pfanne erhitzen, die Schnitzel hineingeben und zuerst auf der einen Seite bei mittlerer Hitze goldbraun backen. Jetzt die Butter zugeben, die Schnitzel vorsichtig wenden und auf der zweiten Seite ebenfalls goldbraun backen. Beim Wenden der Schnitzel immer ein kleines Stückchen Butter ins Öl geben. Die fertigen Schnitzel aus der Pfanne nehmen, auf Küchenpapier abtropfen lassen und eventuell leicht salzen.

Mein Tipp
Wiener Schnitzel unbedingt immer frisch zubereiten und panieren – mein Motto: Lieber ein bisschen länger warten als schnell einen trockenen »Fleischlappen« essen ...

Das Wichtigste ist natürlich das Fleisch. Ich nehme am liebsten Kalbsoberschale – und zwar von Tieren, die schon auf die Weide durften. Ihr Fleisch ist kräftiger in der Farbe und schmeckt viel voller als das helle Milchkalbfleisch. Dann müssen die Schnitzel sorgfältig »pariert« werden, das heißt, man muss die Haut und eventuell vorhandene Sehnen oder Fettränder entfernen (mit Haut gebraten, schmeckt das Schnitzel nämlich wie Kaugummi …). Jetzt werden die Fleischstücke zwischen Klarsichtfolie vorsichtig flach geklopft – und zwar mit der flachen Seite des Klopfers oder der Pfannenrückseite (nach dem Klopfen sollten die Schnitzel noch etwa 4 Millimeter dick sein).

Die dünnen Kalbfleischscheiben würzt man von beiden Seiten mit Salz und Pfeffer, bevor man sie »mehliert«, also kurz in Mehl wendet, und anschließend leicht abklopft – ich nehme hier am liebsten das feine »Wiener Griessler«. Pro Schnitzel schlägt man jetzt ein Ei in einem tiefen Teller oder einer Schale auf. Bitte nur leicht mit der Gabel verquirlen – das Ei sollte unbedingt noch dickflüssig sein. Die mehlierten Schnitzel jetzt im verquirlten Ei wenden, etwas abtropfen lassen, dann in die Semmelbrösel legen, vorsichtig wenden und auf keinen Fall die Panade andrücken.

Zum Braten Pflanzenöl in einer Pfanne erhitzen, das Öl aber nicht zu heiß werden lassen: Die Schnitzel gehen sonst nicht mehr »auf«, werden also nicht schön »wellig«, weil die Panade in zu heißem Öl nämlich sofort stockt! Jetzt sollte Ihr Schnitzel in der Pfanne erst einmal etwa 1 Minute in Ruhe »schwimmen« – erst dann fange ich langsam an, die Pfanne zu schwenken. Nun kommt ein großzügig bemessenes Stück Butter dazu und die Schnitzel werden einmal vorsichtig gewendet und weitergebacken, bis sie von beiden Seiten schön goldbraun sind.

Die gebackenen Schnitzel aus der Pfanne nehmen, noch einmal leicht salzen und auf Küchenpapier abtropfen lassen.

Münchner Schnitzel

Für diese Variante werden die Schnitzel vor dem Panieren mit einer Mischung aus 80 g süßem Senf und 20 g frisch geriebenem Meerrettich bestrichen.

Mein Lieblingsrezept: Wiener Schnitzel

Cordon bleu

Zutaten
4 Kalbschnitzel aus der Oberschale oder Lende (à 140–160 g) ¦ Salz ¦
Pfeffer ¦ 4 Scheiben Emmentaler oder Bergkäse ¦ 4 Scheiben gekochter
Schinken ¦ 150 g Wiener Griessler ¦ 4 Eier ¦ 300 g Semmelbrösel ¦
250 ml Pflanzenöl ¦ 50 g Butter

1 Die Schnitzel zwischen Frischhaltefolie dünn klopfen und mit Salz und Pfeffer leicht würzen. Die Schnitzel mit je einer Scheibe Schinken und Käse belegen und zusammenklappen.

2 Drei Schalen mit je einmal Wiener Griessler, dem mit einer Gabel grob angeschlagenen Ei, und Semmelbröseln herrichten. Die Schnitzel zuerst im Wiener Griessler wenden, dabei das überschüssige Mehl abklopfen. Danach durch das Ei ziehen und dabei auch das überschüssige Ei abtropfen lassen. Zum Schluss in den Semmelbröseln panieren, darauf achten, dass die Semmelbrösel nicht zu fest angedrückt werden.

3 Das Öl in einer Pfanne erhitzen, aber nicht zu heiß werden lassen, da sonst das Ei nicht mehr aufgehen kann. Die Schnitzel zuerst auf der einen Seite goldbraun backen, dann wenden und auch die andere Seite goldbraun backen. Beim Wenden der Schnitzel ein kleines Stücken Butter ins Öl geben. Die fertigen Schnitzel aus der Pfanne nehmen und auf Küchenpapier abtropfen lassen, eventuell leicht salzen.

Mein Tipp
Das Öl kann nach dem Braten abgekühlt durch ein Teesieb gefiltert und am besten in eine leere Glasflasche abgefüllt werden; so kann man das Öl noch drei- bis viermal verwenden.
Wenn Sie eine Brezen zu Bröseln reiben, können Sie dadurch auch ein Viertel der Semmelbrösel ersetzen und geben Ihrem Cordon bleu so eine besondere Note.

Backhendl

Zutaten

4 Hendlbrüste (ohne Haut und Knochen, à 170 g) ¦ 1 Bio-Zitrone ¦ 1 Scheibe frischer Ingwer (ca. 1 cm) ¦ 1 kleine Knoblauchzehe ¦ 100 g Butter ¦ ½ TL Chiliflocken ¦ 100 g Wiener Griessler ¦ 4 Eier ¦ 200 g Semmelbrösel (Paniermehl) ¦ Öl zum Braten ¦ 2 EL Butter ¦ Salz

1 Bio-Zitrone heiß abwaschen, mit Küchenpapier trocknen, Schale fein abreiben. Ingwer und Knoblauch schälen und fein hacken. Butter in einem Topf bei kleiner Hitze schmelzen lassen, abgeriebene Zitronenschale, Ingwer, Knoblauch und Chiliflocken zugeben, alles gut vermischen, vom Herd nehmen, etwa 10 Minuten ziehen lassen, dann durch ein Sieb in eine Schüssel gießen.

2 Hendlbrüste waschen, trocken tupfen, eventuell vorhandene Hautreste und Sehnen entfernen, mit der Würzbutter rundherum einreiben. Fleisch für 10 Minuten in den Kühlschrank stellen, damit die Butter wieder fest wird.

3 Mehl auf einem flachen Teller verteilen, Eier in einer Schüssel verquirlen, Semmelbrösel in eine Schüssel geben. Zum Panieren das Fleisch aus dem Kühlschrank nehmen, zuerst in Wiener Griessler wenden, dabei das überschüssige Mehl abklopfen. Danach durch das Ei ziehen und auch dabei das überschüssige Ei abtropfen lassen. Zum Schluss in den Semmelbröseln wenden und darauf achten, dass die Panade nicht zu fest angedrückt wird.

4 Reichlich Öl in einer Pfanne erhitzen (aber nicht zu heiß werden lassen, weil sonst das Ei nicht mehr aufgehen kann). Fleisch hineingeben und bei mittlerer Hitze auf der einen Seite goldbraun backen. Dann wenden, Butter zugeben und auch die andere Seite knusprig hellbraun backen. Gebackene Hendlbrüste aus der Pfanne nehmen, auf Küchenpapier abtropfen lassen und leicht salzen.

Mein Tipp

Gerne können Sie auch Hähnchenkeulen verwenden. Hier ist die Garzeit etwas länger.

Gebackener Tafelspitz

Zutaten
1 Tafelspitz (s. S. 183) ¦ 8 EL süßer bayrischer Senf ¦ 2 EL Meerrettich, frisch gerieben ¦ 3 Eier ¦ 100 g Wiener Griessler ¦ 150 g Semmelbrösel (Paniermehl) ¦ 250 ml Pflanzenöl zum Braten

1 Gegarten Tafelspitz in 8 dünne Scheiben schneiden. Senf mit geriebenem Meerrettich vermischen, 4 Scheiben Tafelspitz mit dem Senf-Meerrettich-Mix bestreichen, die restlichen Scheiben auf die bestrichene Seite der ersten vier Scheiben legen.

2 Eier in einer flachen Schüssel verquirlen. Mehl in eine zweite, flache Schüssel geben, die Semmelbrösel in eine dritte. Tafelspitz-Doppelscheiben zuerst in Mehl wenden, überschüssiges Mehl abklopfen, dann die Scheiben durch das Ei ziehen und zum Schluss in den Semmelbröseln wälzen.

3 Öl in einer großen Pfanne erhitzen. Panierte Tafelspitzscheiben hineingeben und bei mittlerer Hitze auf jeder Seite in 3–4 Minuten goldbraun braten. Aus der Pfanne nehmen und auf Küchenpapier abtropfen lassen. Dazu passt frischer Feldsalat mit Paprika und Croûtons.

Mein Tipp
Gerne können Sie auch die flache Schulter (Böfflamott) oder Reste vom Schweinebraten verwenden.

Desserts

Süßspeisen und Desserts wecken wohl bei den meisten von uns liebe Kindheitserinnerungen. Bei mir sind es vor allem die Mehlspeisen, die mich a bisserl in die Küche meiner Oma zurückversetzen. Ich liebe alle Arten von Süßspeisen, aber meine Nummer 1 ist der Kaiserschmarrn. Das Tolle am Dessert ist auch, dass Sie mit einfachen Handgriffen und oft nur einer Zutat mehr spannende Variationen zaubern können – so wie aus dem Grundrezept der Bayrisch Creme.

MEIN LIEBLINGSREZEPT

Kaiserschmarrn

Eigentlich braucht man für einen guten Kaiserschmarrn nur sechs (!) einfache Zutaten: Aber ich selbst kenne schon sicher zehn verschiedene Rezepturen und ebenso viele Entstehungsgeschichten … Außerdem trennt sich bei keinem Gericht so sehr die »Spreu vom Weizen« wie beim Kaiserschmarrn. Sogar bei mir in der Küche gibt es Kollegen – sorry, Michi –, die auch nach Jahren immer noch ihre »Kaiserschmarrn«-Probleme haben. Deshalb verzweifeln Sie bitte nicht, wenn beim ersten Versuch nicht gleich alles perfekt gelingt!

Zutaten

3 große Eier ¦ 80 g Wiener Griessler ¦ 60 g Zucker ¦ Salz ¦ 300 ml Vollmilch ¦ 8 EL Butter ¦ Puderzucker

1 Eier aus dem Kühlschrank nehmen und Zimmertemperatur annehmen lassen. Mehl, Zucker und 1 Prise Salz in eine Rührschüssel geben und mit der zimmerwarmen Milch zu einem glatten Teig verrühren.

2 4 EL Butter in einem kleinen Topf schmelzen lassen, zum Teig geben und untermischen. Eier in einer kleinen Schüssel aufschlagen, ebenfalls zum Teig geben, aber nur leicht unterheben, sodass die Eistruktur noch erkennbar bleibt.

3 Backofen auf 165 °C vorheizen. 2 EL Butter in einer ofenfesten Pfanne erhitzen, den Teig hineingießen, alles bei mittlerer Hitze backen, bis sich der Schmarrn vom Pfannenrand löst.

4 Dann die Pfanne auf der mittleren Schiene in den Backofen geben und alles etwa 10–15 Minuten backen. Pfanne aus dem Ofen nehmen, Kaiserschmarrn mit einem Pfannenwender in größere Stücke zerteilen. Pfanne noch einmal auf den Herd stellen, restliche Butter zugeben und die Stücke noch einmal 2–3 Minuten bei mittlerer Hitze anbraten. Kaiserschmarrn mit etwas Puderzucker bestäuben und gleich servieren.

Desserts

Das Geheimnis des Kaiserschmarrns sind die Eier und wie man sie verarbeitet – man darf sie nämlich erst ganz zum Schluss zugeben und auf keinen Fall zu stark verrühren!

Aber jetzt mal das Ganze von Anfang an, also: Zuerst verrühren Sie die zimmerwarme Milch mit dem feinen Wiener Griessler, dem Zucker und einer Prise Salz gründlich mit einem Schneebesen – und zwar so lange, bis der Teig wirklich schön glatt ist. Jetzt können Sie die flüssige Butter untermischen. Dabei ist es wichtig, dass die Milch vorher nicht zu kalt war, der Teig also Zimmertemperatur hat. Bei einem zu großen Temperaturunterschied stockt nämlich die Butter und der Teig misslingt … Jetzt die ebenfalls auf Zimmertemperatur angewärmten und aufgeschlagenen Eier zugeben. Die Eier sollten Sie nur vorsichtig unter den Teig heben, sodass Eigelb und Eiweiß auch nach dem Verrühren noch gut erkennbar sind.

Jetzt gießen Sie den Teig in eine nicht zu heiße Pfanne mit geschmolzener Butter und lassen alles bei kleiner Hitze 3–4 Minuten leicht stocken, bis sich die Masse vom Pfannenrand löst. Nun stellen Sie die Pfanne auf der mittleren Schiene in den auf 165 Grad vorgeheizten Ofen und backen den Kaiserschmarrn 12–15 Minuten.

Dann mit einem Küchentuch – die Pfanne ist heiß! – aus dem Ofen nehmen und wieder auf den Herd stellen. Hier wird der Teig jetzt grob zerteilt, die Stücke noch einmal mit etwas Butter kurz angebraten, alles in der Pfanne noch heiß mit Puderzucker bestäubt und gleich serviert!

Für laktosefreien Kaiserschmarrn nehmen Sie bitte statt Vollmilch laktosefreie Milch und ersetzen die Butter durch Margarine.

Das Ei

Die Eier auf keinen Fall trennen und keinen Schnee schlagen. Das Ei muss seine Struktur behalten, damit es aufgehen kann. Daher darf es auch nicht zu fest untergehoben werden. Lassen Sie dem Ei beim Braten Zeit, sich zu entfalten. Beginnen Sie mit moderater Hitze und steigern Sie die Hitze langsam. Bei zu großer Hitze zu Beginn stockt das Ei und kann nicht mehr aufgehen.

Tiramisu vom Liebstöckel

Zutaten

250 g Löffelbiskuits ¦ 250 g Birnenpüree ¦ 25 g Kakaopulver ¦ 5 Blatt weiße Gelatine ¦ 8 Eigelb ¦ 65 g Puderzucker ¦ 1 kg Mascarpone ¦ 60 ml Birnenschnaps ¦ 3 Eiweiß ¦ 65 g Zucker ¦ Salz ¦ 250 g Birnen (a. d. Dose) ¦ 25 g Liebstöckelblättchen, fein geschnitten (ersatzweise Basilikumblättchen)

1 Löffelbiskuits in eine große, flache Form dicht nebeneinanderlegen, mit Birnenpüree bestreichen und mit 15 g Kakaopulver bestreuen. Gelatine in einer Schüssel mit reichlich kaltem Wasser einweichen.

2 Eigelb mit Puderzucker in der Küchenmaschine oder mit den Schneebesen des elektrischen Handrührers cremig aufschlagen. Mascarpone nach und nach zugeben und untermischen. Birnenschnaps in einem kleinen Topf ganz leicht erwärmen, eingeweichte Gelatine gut ausdrücken, im lauwarmen Birnenschnaps auflösen, alles zur Mascarponecreme geben und gründlich unterrühren.

3 Eiweiß mit Zucker und 1 Prise Salz steifschlagen, vorsichtig unter die Mascarponemasse heben. Birnen in ein Sieb abgießen, gut abtropfen lassen und grob würfeln. Birnenwürfel mit dem Liebstöckel in eine Schüssel geben, alles pürieren und durch ein feines Sieb in eine zweite Schüssel streichen. Birnen-Liebstöckel-Püree zur Mascarponecreme geben und gründlich untermischen. Mascarponemasse gleichmäßig auf den Löffelbiskuits verteilen, alles mit Frischhaltefolie abdecken und über Nacht im Kühlschrank durchziehen lassen. Vor dem Servieren mit dem restlichen Kakaopulver bestreuen.

Gebrannte Creme »Tannensprösslinge«

Zutaten

150 g Tannensprösslinge ¦ 400 g Sahne ¦ 140 g Crème fraîche ¦ 85 g Zucker
6 Eigelb ¦ 6–8 EL brauner Zucker

1 Sahne und Crème fraîche mit Zucker in einem Topf bei kleiner Hitze leicht erwärmen (die Masse darf nicht über 85 °C erhitzt werden, da sie sonst gerinnt). Eigelb zugeben, alles mit einem Schneebesen gründlich vermischen. Tannensprösslinge waschen, mit Küchenpapier trocken tupfen, fein schneiden, zur Sahne-Eigelb-Masse geben, alles über Nacht abgedeckt im Kühlschrank durchziehen lassen.

2 Creme am nächsten Tag durch ein feines Sieb in eine Schüssel gießen. Backofen auf 100 °C vorheizen. Die Tannensprössling-Creme in feuerfeste Schälchen füllen. Alles vorsichtig auf die mittlere Schiene in den vorgeheizten Ofen schieben und etwa 1 Stunde garen.

3 Schälchen aus dem Ofen nehmen und den Backofengrill einschalten. Jede Creme mit je 1–2 EL braunem Zucker bestreuen, dann die mit Zucker bestreuten Förmchen auf ein Backofengitter stellen. Alles unter dem vorgeheizten Backofengrill hellbraun karamellisieren lassen und gleich servieren.

Mein Tipp

Statt der Tannensprösslinge können Sie auch gerne Rosmarin, Lavendel, Zimt, Tonkabohne etc. verwenden.

Bayrisch Creme

Zutaten

3 Blatt weiße Gelatine ¦ 450 g Sahne ¦ ½ Vanilleschote ¦ 5 Eigelb ¦ 1 Ei ¦ 75 g Puderzucker ¦ 125 g Frischkäse oder Quark (20–40 % Fett i. Tr.) ¦ 30 ml Schnaps (z. B. Kirschwasser)

1 Gelatine in einer Schüssel mit reichlich kaltem Wasser einweichen. Sahne mit einem Handmixer halb steif schlagen und kalt stellen. Mark aus der Vanilleschote schaben. Eigelb und Ei mit ausgeschabtem Vanillemark und Puderzucker in eine Metallschüssel geben, alles im warmen Wasserbad mit einem Schneebesen schlagen, bis die Masse cremig wird. Obstbrand in einem Topf leicht erwärmen, Gelatine gut ausdrücken und darin auflösen.

2 Obstbrand-Gelatine-Mix unter die Eiercreme mischen. Schüssel mit der Eiercreme in ein kaltes Wasserbad stellen und weiterrühren, bis die Masse leicht anzieht. Frischkäse und geschlagene Sahne vorsichtig unterheben. Bayrisch Creme in Dessertgläser füllen und 2–3 Stunden kalt stellen.

Bayrisch Creme mit Vanillekipferl

150 g Vanillekipferl in einen Gefrierbeutel geben und mit den Handballen fein zerbröseln. Keksbrösel dann mit dem Frischkäse und der geschlagenen Sahne unter die mit 75 g Zucker angerührte Eiercreme mischen.

Bayrisch Creme mit Buchweizen

150 g grobes Buchweizenmehl in einer Pfanne anrösten und unter die Eiercreme rühren.

Bayrisch Creme mit Himbeeren

150 g frische Himbeeren verlesen, mit dem Frischkäse und der geschlagenen Sahne unter die Eiercreme mischen. Für den Gelatinemix verwenden Sie Himbeergeist.

Schokoladenmousse von der Vollmilchschokolade

Zutaten

200 g gute Vollmilchschokolade ¦ 2 Blatt weiße Gelatine ¦ 30 ml Olivenöl ¦ 30 g Butter ¦ 3 Eier ¦ 20 ml Kirschwasser ¦ 50 g weißer Zucker ¦ 50 g brauner Zucker ¦ 350 g geschlagene Sahne

1 Gelatine in einer Schüssel mit reichlich kaltem Wasser einweichen. In einem flachen, größeren Topf etwa einen halben Fingerbreit Wasser erhitzen. Olivenöl, Butter und die in Stücke zerteilte Schokolade in einen kleinen Topf geben, im warmen Wasserbad schmelzen lassen.

2 Eier trennen, Eiweiß in einer Schüssel mit dem weißem Zucker steif schlagen. Eigelb mit braunem Zucker verrühren und im warmen Wasserbad aufschlagen, bis eine cremige, helle Masse entsteht. Kirschwasser in einem kleinen Topf leicht erwärmen.

3 Eingeweichte Gelatine gut ausdrücken, im warmen Kirschwasser auflösen, alles zur Eigelbcreme geben und unterrühren. Geschmolzene Olivenöl-Butter-Schokoladenmasse zur Eigelbcreme geben und gründlich vermischen. Das steif geschlagene Eiweiß vorsichtig unterheben. Wenn die Masse leicht anzieht, die Sahne unterheben. Schokoladenmousse in Dessertschälchen geben und 4–5 Stunden im Kühlschrank kalt stellen.

Nougatmousse

Für die Nougatmousse ersetzen Sie 100 g Schokolade durch 100 g weißen Nougat. Das Nougat wird mit Schokolade, Olivenöl und Butter im Wasserbad geschmolzen.

Dunkles Schokoladenmousse

Statt Vollmilchschokolade 200 g gute Zartbitterschokolade verwenden.

Kartoffel-Marillen-Knödel

Zutaten

500 g mehligkochende Kartoffeln ¦ Salz ¦ 90 g Speisestärke ¦ 30 g Hartweizengrieß ¦ 1 Vanilleschote ¦ 1 Bio-Zitrone ¦ 3 Eigelb ¦ 250 g Butter ¦ 16 Zuckerwürfel ¦ 16 TL Marillenbrand ¦ 16 Marillen ¦ 2 EL Wiener Griessler ¦ 2 EL Zucker ¦ 120 g Biskuitbrösel (ersatzweise geriebenes Toastbrot oder Semmelbrösel) ¦ 40 g geriebene Mandeln (oder Haselnüsse) ¦ 2 EL fein abgeriebene Bio-Orangenschale ¦ Gemahlener Zimt ¦ Puderzucker

1 Kartoffeln mit Schale in Salzwasser garen, abgießen und ausdampfen lassen. Noch warm pellen und zweimal hintereinander durch die Kartoffelpresse drücken. Kartoffelteig mit Stärkemehl und Grieß verkneten. Das Mark aus der Vanilleschote schaben, Schale der Bio-Zitrone fein abreiben, beides mit Eigelb, 50 g flüssiger Butter und 1 TL Salz zum Kartoffelteig geben, gründlich vermischen und zu einem glatten Teig verarbeiten.

2 Zuckerwürfel mit dem Schnaps tränken. Marillen längs einschneiden, Kerne mit einem spitzen Messer entfernen, dann die Früchte mit den Zuckerwürfeln füllen. Je eine Handvoll Kartoffelteig nehmen, in einer Handinnenfläche leicht flach drücken, eine gefüllte Marille darauflegen, mit dem Kartoffelteig umschließen und alles zu einem Knödel abdrehen. Knödel mit etwas Wiener Griessler bestäuben und noch mal schön rund ausformen.

3 In einem großen Topf reichlich Wasser aufkochen lassen, leicht salzen, die Marillenknödel hineingeben und bei kleiner Hitze darin 6–8 Minuten ziehen lassen. Restliche Butter in einer Pfanne aufschäumen lassen, 2 EL Zucker zugeben und unter Rühren leicht karamellisieren. Biskuitbrösel, geriebene Mandeln und abgeriebene Orangenschale zugeben, alles bei kleiner Hitze unter Rühren goldbraun rösten, mit 2–3 Prisen Zimt würzen. Gegarte Knödel abtropfen lassen, in die Brösel geben, kurz durchschwenken, mit Puderzucker bestäuben und gleich servieren.

Zwetschgenknödel

Statt der Marillen einfach 16 reife Zwetschgen als Füllung nehmen und die Zuckerwürfel mit Zwetschgenbrand tränken.

Süße Topfenknödel

Zutaten
500 g Quark (20–40 % Fett i. Tr.) ¦ 50 g Butter ¦ 4 EL Zucker ¦ 1 EL fein abgeriebene Bio-Zitronenschale ¦ Mark von einer 1 Vanilleschote ¦ Salz ¦ 3 Eier ¦ Zucker ¦ 1 Zimtstange ¦ Zitronenschale ¦ 120 g Biskuitbrösel ¦ 100 g Semmelbrösel (Paniermehl) ¦ Gemahlener Zimt

1 Butter mit 3 EL Zucker, Zitronenschale, Vanillemark und 1 Prise Salz in einer Schüssel cremig rühren, dabei nach und nach die aufgeschlagenen Eier unterrühren. Dann abwechselnd den Quark und die Biskuitbrösel unter die Schaummasse mischen, Teig 1 Stunde abgedeckt ruhen lassen.

2 Reichlich Wasser mit etwas Salz, 1 Prise Zucker, ein Stück Zimtstange und etwas Zitronenschale in einem großen Topf erhitzen. Aus dem Teig mit angefeuchteten Händen Knödel formen, in das heiße Wasser geben und bei kleiner Hitze 10–12 Minuten ziehen lassen (das Wasser darf nicht kochen). Semmelbrösel mit 1 EL Zucker und 2–3 Prisen gemahlenem Zimt vermischen und in einer beschichteten Pfanne goldbraun rösten. Topfenknödel mit einem Schaumlöffel aus dem Wasser heben, gut abtropfen lassen, dann in den Zimtbröseln wenden und gleich servieren.

Marillen- oder Zwetschgentopfenknödel

12 Zuckerwürfel mit je 1 TL Marillen- oder Zwetschgenbrand beträufeln. 12 Marillen oder Zwetschgen waschen, der Länge nach aufschneiden, den Kern entfernen und statt des Kerns je einen beträufelten Zuckerwürfel hineingeben. Je eine Handvoll Teig in einer Handinnenfläche flach drücken, eine gefüllte Marille oder Zwetschge daraufgeben, alles mit angefeuchteten Händen zu runden Knödeln formen und wie oben beschrieben garen.

Desserts

Hollerkücherl

Zutaten
8 Hollerblüten ¦ 200 g Mehl ¦ 300 ml Weißwein ¦ 1 Spritzer Hollerblütensirup ¦ 2 Eier ¦ 4 EL braune Butter ¦ Gemahlener Zimt ¦ ½ Vanilleschote ¦ Salz ¦ 2 EL Zucker ¦ Pflanzenöl zum Ausbacken

1 Hollerblüten waschen und mit Küchenpapier trocken tupfen. Mehl mit Weißwein und Sirup in eine Schüssel geben und mit einem Schneebesen glatt rühren. Eier trennen. Eigelb, flüssige braune Butter, 1 Prise Zimt und das ausgeschabte Vanillemark vorsichtig unter den Teig rühren.

2 Eiweiß mit 1 Prise Salz und dem Zucker steif schlagen, vorsichtig unter den Weinteig mischen. Reichlich Öl in einem großen, flachen Topf oder einer Pfanne erhitzen, aber nicht zu heiß werden lassen. Hollerblüten durch den Weinteig ziehen, leicht abtropfen lassen und im heißen Öl goldbraun backen.

3 Gebackene Hollerkücherl auf Küchenpapier abtropfen lassen. Zimt und Zucker nach Geschmack vermischen, die Hollerkücherl in der Zimt-Zucker-Mischung wenden und gleich servieren.

Nussbutter (braune Butter)

Butter auf kleiner Flamme so lange kochen, bis sie haselnussbraun ist und auch so riecht. Danach durch ein mit einem Tuch ausgelegtes Sieb filtern und weiter verarbeiten.

Topfenpalatschinken

Zutaten

500 g abgetropfter Quark (20–40 % Fett i. Tr.) ¦ 140 g Mehl ¦ 250 ml Milch ¦ Salz ¦ 1 Tütchen Bourbon-Vanillezucker ¦ 4 Eier ¦ 2 Eigelb ¦ Butterschmalz ¦ 100 g Marillenmarmelade ¦ 2 EL Butter ¦ 40 g Vanillepuddingpulver ¦ 50 g Zucker ¦ 500 g Schmand

1 Für den Teig Mehl, Milch, 2 Prisen Salz und Vanillezucker mit einem Schneebesen zu einem glatten Teig verrühren. 2 Eier und 2 Eigelb einrühren, dann den Teig 10–15 Minuten ruhen lassen.

2 Für jeden Palatschinken 1 EL Butterschmalz in einer Pfanne erhitzen, mit einer Kelle je einen Schöpfer Teig nehmen und von einer Seite dünn in die Pfanne einlaufen lassen. Palatschinken von einer Seite bei mittlerer Hitze goldbraun backen, wenden und auf der anderen Seite ebenfalls noch einmal 2–3 Minuten backen. Herausnehmen und auf einem Teller so lange warm stellen, bis der gesamte Teig aufgebraucht ist.

3 Backofen auf 170 °C vorheizen. Palatschinken gleichmäßig mit der Marillenmarmelade bestreichen und aufrollen. Eine ofenfeste Form mit Butter einfetten, aufgerollte Marillen-Palatschinken eng nebeneinander hineinlegen.

4 Für die Quarkmasse 2 Eier in einer Schüssel aufschlagen, mit Vanillepuddingpulver und Zucker vermischen. Schmand und Quark zugeben und alles gründlich verrühren. Masse auf die gerollten Palatschinken geben und glatt streichen. Form auf der mittleren Schiene in den vorgeheizten Ofen schieben, Topfenpalatschinken 20 Minuten backen.

Mein Tipp

Je nach Geschmack können Sie auch eine andere Marmelade oder frisches Obst je nach Saison zum Füllen verwenden.

Powidltascherl

Zutaten
250 g mehligkochende Kartoffeln ¦ Salz ¦ Gemahlener Ceylon-Zimt ¦
3 Eigelb ¦ 20 g Nussbutter (s. S. 222) ¦ 50 g Wiener Griessler ¦ 80 g Hartweizengrieß ¦ 150 g Pflaumenmus (Powidlmus) ¦ 1 TL fein abgeriebene
Bio-Orangenschale ¦ 2 cl Pflaumenschnaps ¦ 1 EL gemahlene Haselnüsse ¦
50 g Butter ¦ 100 g Semmelbrösel ¦ 4 EL Puderzucker

1 Kartoffeln waschen, in reichlich kochendem Salzwasser mit Schale und 1 Prise Zimt garen. Kartoffeln abgießen, etwas abkühlen lassen, noch warm pellen und zweimal durch die Kartoffelpresse in eine Schüssel drücken. 2 Eigelb und die Nussbutter rasch unter die durchgedrückten Kartoffeln mischen. Wiener Griessler und Grieß zugeben, alles zu einem glatten Teig verkneten, abgedeckt im Kühlschrank mindestens 30 Minuten ruhen lassen.

2 Pflaumenmus in einer Schüssel mit Orangenschale, Pflaumenschnaps und den gemahlenen Haselnüssen vermischen. Butter in einer Pfanne erhitzen, Semmelbrösel mit Puderzucker hineingeben, alles gut vermischen und unter Rühren bei kleiner Hitze in 3–4 Minuten hellbraun rösten.

3 Den gekühlten Teig zwischen zwei Bahnen Klarsichtfolie dünn ausrollen. Das dritte Eigelb in einer kleinen Schüssel verquirlen, Teig damit einpinseln. Dann mit einem Plätzchenausstecher oder einem scharfrandigen Glas Kreise von ca. 8 cm Durchmesser ausstechen. Je 1 TL Powidlmus in die Mitte jedes Kreises setzen, Kreise vorsichtig über dem Mus zusammenklappen und die Ränder (zum Beispiel mit den Zinken einer Gabel) rundherum gut andrücken.

4 Teigtäschchen in einen großen Topf mit reichlich kochendem Wasser geben und bei kleiner Hitze in 5–6 Minuten gar ziehen lassen. Mit einer Schaumkelle herausnehmen, gut abtropfen lassen, zu den Bröseln in die Pfanne geben, einmal kurz durchschwenken und mit Puderzucker bestäubt gleich servieren.

Backen

Das Backen ist meine größte Leidenschaft und die habe ich ganz klar von meiner Mutter geerbt. Dieser Leidenschaft gehe ich täglich nach, wenn ich Kuchen, Tartes und Torten für mein Café auf dem Viktualienmarkt backe. Beim Backen ist es ganz wichtig, dass Sie sich immer ganz genau an das Rezept und die angegebenen Grammzahlen halten – auch ich tue das immer. Sonst wird der Teig einfach nichts.

Backen

Hefeteig

Zutaten

1 Würfel frische Hefe ¦ 4 TL Zucker ¦ ½ l Milch ¦ 2 Eier ¦ 1 kg Wiener Griessler ¦ 180 g flüssige Butter ¦ Salz ¦ Zimt ¦ 1 Msp. fein abgeriebene Bio-Zitronenschale ¦ 1 Msp. fein abgeriebene Bio-Orangenschale ¦ ½ Vanilleschote

1 Für das »Dampferl«, also den Vorteig, die zerbröselte Hefe mit 2 TL Zucker und der lauwarmen Milch in einer Schüssel vermischen, alles abgedeckt an einen warmen, zugfreien Platz stellen und mindestens 15 Minuten gehen lassen.

2 Eier in einer kleinen Schüssel aufschlagen. Mehl, restlichen Zucker, Butter, aufgeschlagene Eier, je 1 Prise Salz und Zimt, die fein abgeriebene Zitronen- und Orangenschale und das ausgeschabte Vanillemark mit dem Dampferl vermischen und in einer Küchenmaschine zu einem geschmeidigen Teig verkneten. Hefeteig mit einem Tuch abdecken und noch einmal an einem warmen Platz etwa 20 Minuten gehen lassen.

Mein Tipp

Achten Sie darauf, dass die Milch auf keinen Fall zu heiß ist – das verträgt die Hefe nämlich nicht und der Teig kann nicht gelingen!

Mürbeteig

Zutaten

230 g kalte Butter ¦ 360 g Mehl (Type 405) ¦ 120 g Puderzucker ¦ 20 g Speisestärke ¦ 1 ½ Tütchen Bourbon-Vanillezucker ¦ 30 g Eigelb ¦ 2 EL fein abgeriebene Bio-Zitronenschale ¦ Salz ¦ 2–3 EL brauner Zucker

1 220 g Butter in kleine Würfel schneiden und mit Mehl, Puderzucker, Speisestärke, Vanillezucker, Eigelb, fein abgeriebener Zitronenschale und 1 Prise Salz verkneten, bis keine Butterstückchen mehr zu sehen sind. Teig in Frischhaltefolie einwickeln und für mindestens 30 Minuten im Kühlschrank ruhen lassen.

2 Teig aus der Folie wickeln und zwischen zwei frischen Bahnen Frischhaltefolie dünn ausrollen. Springform mit der restlichen Butter einfetten und mit dem braunen Zucker leicht bestreuen. Den ausgerollten Teig in die Form legen und leicht andrücken, 10 Minuten kühlstellen. Backofen auf 170 °C vorheizen, alles im vorgeheizten Backofen etwa 20 Minuten backen.

Rührteig

Zutaten

220 g weiche Butter ¦ 80 g Puderzucker ¦ 1 TL Bourbon-Vanillezucker ¦ je 1 TL fein abgeriebene Bio-Zitronenschale und Bio-Orangenschale ¦ 5 Eigelb ¦ 1 TL Rum ¦ Salz ¦ 220 g Mehl ¦ 4 Eiweiß ¦ 80 g Zucker ¦ 2 EL gemahlene Nüsse

1 Backofen auf 160 °C vorheizen. 200 g Butter mit Puderzucker, Vanillezucker und der Zitronen- und Orangenschale schaumig rühren. Eigelb nach und nach unter ständigem Rühren zugeben. Rum und 1 Prise Salz untermischen und die Masse so lange rühren, bis sie hellschaumig ist. Dann das Mehl nach und nach unterrühren.

2 Eiweiß mit einem Drittel des Zuckers in einer zweiten Schüssel cremig schlagen, nach und nach den restlichen Zucker einrieseln lassen und zu einem festen Schnee weiterschlagen. Ein Drittel des Eischnees zügig unter die Butter-Eigelb-Masse rühren, den Rest vorsichtig unterheben. Springform (Ø 28 cm) mit der restlichen Butter einfetten, mit den gemahlenen Nüssen ausstäuben und den Teig einfüllen. Der Rührteig kann als Basis für Apfel-, Zwetschgen- oder Marillenkuchen verwendet werden.

Mein Tipp

Ich gebe zum Verfeinern gerne noch einen großen Löffel Crème double und eine Handvoll gemahlene Mandeln in den Teig!

Käsekuchen

Zutaten

1 × Mürbeteig (s. S. 230) ¦ 520 g abgetropfter Quark (20–40 % Fett i. Tr.) ¦ 250 g Butter ¦ 1 Bio-Orange ¦ 350 g Schmand ¦ 2 Päckchen Vanillepuddingpulver ¦ 180 g Zucker ¦ Salz ¦ 1 Vanilleschote ¦ 3 Eier

1 Mürbeteig wie im Rezept auf Seite 230 beschrieben zubereiten und vorbacken. Den Quark in ein nasses Geschirrtuch geben, über eine Schüssel hängen und gut abtropfen lassen. Backofen auf 100 °C heizen. Butter in einem Topf bei kleiner Hitze schmelzen lassen. Orange gut abwaschen, Schale fein abreiben und die Orange auspressen.

2 Schmand, Quark, Vanillepuddingpulver, Zucker, 2 EL fein abgeriebene Orangenschale, Orangensaft und 1 Prise Salz in eine Rührschüssel geben, alles gründlich vermischen. Vanilleschote der Länge nach aufschneiden, Vanillemark mit einem Messer herausschaben und mit der flüssigen Butter zur Schmandmasse geben.

3 Eier in einer kleinen Schüssel aufschlagen, dann vorsichtig unterheben, sodass die Eierstruktur erkennbar bleibt. Schmandcreme auf dem vorgebackenen Mürbeteig verteilen, Kuchen im vorgeheizten Backofen auf der mittleren Schiene etwa 90 Minuten backen.

Mein Tipp

Bitte keinen Magerquark verwenden – sonst wird der Kuchen bröseliger und trocken. Essen Sie lieber ein kleineres Stück, dafür aber mit mehr Genuss.

MEIN LIEBLINGSREZEPT

Schmandkuchen

In den letzten 12 Jahren haben wir sicherlich Tonnen an Schmand verbacken. Der Schmandkuchen geht »blitzschnell« und man kann ihn in allen erdenklichen Varianten backen. Das Ei erst zum Schluss unter die Schmandmasse heben, und wenn Sie einen vorgebackenen Mürbeteig haben, wäre das vorteilhaft. Wichtig dabei ist es, den Kuchen nicht über 110 Grad zu backen. Jetzt können Sie nach eigener Lust Früchte oder Gewürze zugeben. Ich gebe am liebsten eine gute Marmelade, zum Beispiel Marillenmarmelade, auf den Mürbeteig und danach erst die Schmandmasse. Die fertige Masse ist auch perfekt als Soufflemasse, einfach auf marinierte Beeren geben und ab in den Backofen.

Zutaten
1 × Mürbeteig (s. S. 230) ¦ 1 kg Schmand ¦ 1 unbehandelte Orange ¦ 1 Päckchen Vanillepuddingpulver ¦ 100 g Zucker ¦ Salz ¦ 2 Eier ¦ Puderzucker ¦ Himbeeren und Minzblättchen (nach Belieben)

1 Einen Mürbeteig – wie auf Seite 230 beschrieben – zubereiten und vorbacken.

2 Orange heiß abwaschen und mit Küchenpapier trocknen, dann die Schale fein abreiben und die Orange auspressen. Schmand, Vanillepuddingpulver, Zucker, Orangenabrieb, Orangensaft und 1 Prise Salz in eine Rührschüssel geben und gründlich vermischen.

3 Die Eier vorsichtig in einer zweiten kleinen Schüssel aufschlagen, dann zum Schmandmix geben und nur leicht untermischen, sodass die Eierstruktur noch erkennbar ist. Backofen auf 100 °C vorheizen.

4 Die Schmandkuchen-Masse auf dem vorgebackenen Mürbeteigboden verteilen und alles im vorgeheizten Backofen auf der mittleren Schiene etwa 60 Minuten backen. Herausnehmen und abkühlen lassen.

Käsekuchen-Tarte

Die Hälfte des Schmands durch abgetropften Quark ersetzen, Eier trennen und das Eiweiß mit der Hälfte des Zuckers zu Schnee schlagen. Alles vorsichtig mischen und fertig ist die Käsekuchen-Tarte.

Mangokuchen

Eine (Flug-)Mango fein würfeln. Zusammen mit dem Saft und den Kernen einer Passionsfrucht unter die Schmandmasse heben – fertig!

Weihnachtstarte

Und zur Weihnachtszeit einfach den Mürbeteig mit einer Zwetschgenmarmelade bestreichen, klein gehackte (oder zerbrochene) Vanillekipferl daraufgeben und die Schmandmasse mit etwas Zimt gewürzt darübergeben.

Mein Tipp
Das Wichtigste bei allen Variationen: nie über 110 °C backen!

Mein Lieblingsrezept: Schmandkuchen

Zwetschgenkuchen

Zutaten
1 × Mürbeteig (s. S. 230) ¦ 1 × Grundrezept Rührteig (s. S. 231) ¦
1,2 kg Zwetschgen ¦ 3 EL brauner Zucker ¦ 2 EL Puderzucker

1 Für den Zwetschgenkuchen einen Mürbeteig (siehe Seite 230) herstellen und vorbacken. Außerdem ein Grundrezept Rührteig herstellen.

2 Backofen auf 160 °C vorheizen. Rührteig auf dem vorgebackenen Mürbeteig verteilen und glatt streichen. Zwetschgen waschen, halbieren und entsteinen.

3 Früchte sehr eng nebeneinander in den Rührteig stecken, sodass der ganze Teig belegt ist. Alles mit braunem Zucker bestreuen und auf der mittleren Schiene im vorgeheizten Ofen 40–45 Minuten backen. Nach Belieben mit Puderzucker bestreuen.

Nussmürbeteig

Mögen Sie es gerne nussig? Einfach den Mürbeteig mit einer Gabel einstechen, mit geriebenen Haselnüssen bestreuen, andrücken und wie beschrieben weiterarbeiten.

Marillenkuchen

Zutaten
1 × Mürbeteig (s. S. 230) ¦ 1 × Grundrezept Rührteig (s. S. 231) ¦
1,2 kg Marillen ¦ 3 EL brauner Zucker ¦ 2 EL Puderzucker

1 Für den Marillenkuchen einen Mürbeteig (siehe Seite 230) herstellen und vorbacken. Außerdem ein Grundrezept Rührteig herstellen.

2 Backofen auf 160 °C vorheizen. Rührteig auf dem vorgebackenen Mürbeteig verteilen und glatt streichen. Marillen waschen, halbieren und entsteinen.

3 Früchte sehr eng nebeneinander in den Rührteig stecken, sodass der ganze Teig belegt ist. Alles mit braunem Zucker bestreuen und auf der mittleren Schiene im vorgeheizten Ofen 40–45 Minuten backen. Mit Puderzucker bestreut servieren.

Marillen

Marillen – so werden bei uns in Bayern die Aprikosen genannt. Sie sollten versuchen, dass Sie auf jeden Fall die Wachauer Marille bekommen. Dies ist sozusagen die S-Klasse unter den Marillen.

Backen

Rhabarberkuchen

Zutaten
1 × Mürbeteig (s. S. 230) ¦ 1 × Rührteig (s. S. 231) ¦ 800 g Rhabarber ¦
3 EL Zucker ¦ 2 EL brauner Zucker ¦ Puderzucker (nach Belieben)

1 Für den Rhabarberkuchen einen Mürbeteig (siehe Seite 230) herstellen und vorbacken. Außerdem ein Grundrezept Rührteig herstellen.

2 Backofen auf 160 °C vorheizen. Rührteig auf dem vorgebackenen Mürbeteigboden gleichmäßig verteilen und glatt streichen. Rhabarber schälen, Enden abschneiden, dann die Stangen in 2–3 cm lange Stücke schneiden.

3 Rhabarber mit dem weißen Zucker vermischen, gleichmäßig auf dem Teig verteilen und mit braunem Zucker bestreuen. Kuchen auf der mittleren Schiene im vorgeheizten Ofen 40–45 Minuten backen. Aus dem Ofen nehmen, abkühlen lassen und nach Belieben mit Puderzucker bestäubt servieren.

Aprikotur

Gerne können Sie Ihren Kuchen auch mit einer Aprikotur bestreichen. Dafür einfach 220 g Aprikosenmarmelade mit 50 g Zuckersirup und dem Saft einer Zitrone aufkochen. 3 Blatt eingeweichte Gelatine durch ein Sieb dazu streichen, glatt rühren und ab auf den Kuchen damit.

Apfelkuchen

Zutaten
1 × Mürbeteig (s. S. 230) ¦ 1 × Rührteig (s. S. 231) ¦ 1,2 kg Äpfel (am besten Pinova) ¦ 2 EL weißer Zucker ¦ 2 EL brauner Zucker

1 Für den Apfelkuchen einen Rührteig (siehe Seite 231) und einen Mürbeteig (siehe Seite 230) herstellen und vorbacken.

2 Backofen auf 160 °C vorheizen. Rührteig auf dem vorgebackenen Mürbeteigboden gleichmäßig verteilen und glatt streichen. Äpfel schälen, vierteln, Stielansätze und Kerngehäuse entfernen.

3 Geviertelte Äpfel mit dem weißen Zucker vermischen. Apfelviertel an den Oberseiten mehrmals quer einschneiden, dann die Apfelviertel mit der eingeschnittenen runden Seite nach oben kreisförmig auf den Teig legen. Äpfel mit braunem Zucker bestreuen, Kuchen auf der mittleren Schiene im vorgeheizten Ofen 40–45 Minuten backen.

Mein Tipp
Probieren Sie das Rezept im September oder Oktober einmal mit ganz reifen Südtiroler Williamsbirnen aus!

Rührteig

Je länger Sie den Rührteig aus Butter, Zucker und Eigelb schlagen, umso lockerer wird der Kuchen. Die Zeit und Kraft sind gut investiert. Für die Garprobe stechen Sie nach der angegebenen Backzeit mit einem Holzstäbchen in die Kuchenmitte – wenn kein Teig mehr dran klebt, ist der Kuchen fertig!

Schokoladenkuchen

Zutaten

1 × Mürbeteig (s. S. 230) ¦ 250 g Zartbitter-Kuvertüre ¦ 200 g Butter ¦
4 Eier ¦ 100 g Bourbon-Vanillezucker ¦ 80 g Mehl ¦ 6 g Backpulver ¦
20 g Kakaopulver ¦ Erdbeeren und Erdbeerkompott zum Anrichten (nach Belieben)

1 Mürbeteig – wie im Rezept auf Seite 230 angegeben – zubereiten und vorbacken.

2 Kuvertüre und Butter in einen kleinen Topf geben und im heißen Wasserbad schmelzen lassen. Eier in einer Rührschüssel aufschlagen, Vanillezucker zugeben, alles mit den Schneebesen des Handrührers hellschaumig aufschlagen.

3 Mehl, Backpulver und Kakaopulver nach und nach zum Eier-Zucker-Mix geben, alles gründlich vermischen. Dann den geschmolzenen Kuvertüre-Butter-Mix zugeben, alles noch einmal gut vermischen. Backofen auf 175 °C vorheizen. Die Masse auf den vorgebackenen Mürbeteig geben und glatt streichen. Kuchen auf der mittleren Schiene noch etwa 9 Minuten backen.

4 Der Kuchen liebt frische Erdbeeren oder Himbeeren. Daher zum Servieren mit Kakaopulver bestäuben und nach Belieben mit frischen Erdbeeren und Erdbeerkompott anrichten.

Topfenpalatschinken-Torte

Zutaten

140 g Mehl ¦ 250 ml Milch ¦ Salz ¦ 1 Pck. Vanillezucker ¦ 4 Eier ¦
2 Eigelb ¦ Butterschmalz ¦ 200 g Erdbeermarmelade ¦ 1 × Mürbeteig
(s. S. 230) ¦ 40 g Vanillepuddingpulver ¦ 50 g Zucker ¦ 500 g Schmand ¦
500 g abgetropfter Quark (20–40 % Fett i. Tr.)

1 Für den Teig Mehl, Milch, 2 Prisen Salz und Vanillezucker mit einem Schneebesen zu einem glatten Teig verrühren. 2 Eier und 2 Eigelb einrühren, den Teig etwa 10 Minuten ruhen lassen. Butterschmalz in der Pfanne erhitzen, überschüssiges Fett weggießen. Den Teig dünn einfließen lassen und goldbraun anbacken und wenden. So weiter verfahren, bis der ganze Teig verbraucht ist.

2 Pfannkuchen mit Erdbeermarmelade bestreichen und übereinanderlegen. In die Springform auf den Mürbeteig legen und noch mal mit Marmelade bestreichen.

3 Für die Quarkmasse die beiden restlichen Eier, Vanillepuddingpulver und Zucker mischen. Schmand und Quark unterheben und die Masse auf die gerollten Palatschinken verteilen. Topfenpalatschinken 40 Minuten bei 110 °C auf der mittleren Schiene backen.

Mein Tipp

Je nach Geschmack können Sie auch eine andere Marmelade (zum Beispiel Marillenmarmelade) oder auch 500 g kurz in einer Pfanne mit 1 EL Butter und 1 EL Zucker angeschwenktes frisches Obst (Äpfel, Zwetschgen …) verwenden.

Panna-Cotta-Tarte

Zutaten
9 Blatt weiße Gelatine ¦ 1 Bio-Zitrone ¦ 1 Bio-Orange ¦ 1 kg Sahne ¦
250 g Zucker ¦ 40 g Bourbon-Vanillezucker ¦ 50 g weiße Kuvertüre ¦
500 g Mascarpone ¦ 1× Mürbeteig (s. S. 230) ¦ 100 ml Passionsfruchtmark
oder Mangomark

1 Gelatine in einer Schüssel mit reichlich kaltem Wasser einweichen. Schalen von Zitrone und Orange fein abreiben. Sahne mit Zucker, Vanillezucker und den fein abgeriebenen Zitrusfruchtschalen in einem Topf erhitzen.

2 Weiße Kuvertüre grob hacken, zur Sahne geben und schmelzen lassen. 8 Blatt Gelatine gut ausdrücken und in der warmen Sahne auflösen. Alles durch ein feines Sieb in eine zweite Schüssel gießen, Mascarpone zugeben und unterrühren, bis der Frischkäse ganz geschmolzen ist. Panna cotta im Kühlschrank 30 Minuten anziehen lassen. Mürbeteig – wie auf Seite 230 beschrieben – zubereiten und vorbacken. Panna cotta auf dem Mürbeteigboden verteilen und glatt streichen. Panna-Cotta-Tarte für 3–4 Stunden kalt stellen.

3 Für den Guss das Fruchtmark in einem kleinen Topf erwärmen. Das letzte Gelatineblatt gut ausdrücken und im warmen Fruchtpüree auflösen. Guss abkühlen lassen, auf der inzwischen fest gewordenen Panna-Cotta-Tarte gleichmäßig verteilen, alles noch einmal für 1 Stunde kalt stellen.

Mein Tipp
Zum Verfeinern können Sie gerne eine klein geschnittene Flugmango oder 1 frische Passionsfrucht (Saft und Kerne) unter die Masse heben.

Register und Rezeptverzeichnis

Kursive Seitenzahl = Warenkunde

Apfel
Apfelkuchen 245
Apfel-Selleriesuppe mit Liebstöckel 72

Bete
Beteknödel 100
Rote-Bete-Gnocchi 107
Birnen
Birnenkuchen (Variante vom Apfelkuchen) 245
Birnenmeerrettich 183
Tiramisu vom Liebstöckel 211
Brezen
Brezenknödel 121
Cordon bleu 199
Kalbsbrust mit Brezen-Weißwurst-Liebstöckelfüllung 162
Brühe
Basis-Gemüsesuppe 38
Rinderbrühe 40

Eier *208*
Allgäuer Käsespätzle 95
Backhendl (Panade) 201
Bayrisch Creme 214
Bayrisch Creme mit Buchweizen 214
Bayrisch Creme mit Himbeeren 214
Bayrisch Creme mit Vanillekipferl 214
Beteknödel 100
Brennnesselknödel 107
Brezenknödel 121
Brezen-Weißwurst-Liebstöckel-Füllung 162
Cordon bleu (Panade) 199
Gebrannte Creme »Tannensprösslinge« 212
Gnocchi 107
Hechenberger (Burgerknödel) 180
Kaiserschmarrn 207
Käsekuchen 232
Kasknödel 107
Latschenkiefer-Topfenknödel 102
Semmelknödel 97
Spätzle 129
Speckknödel 121
Süße Topfenknödel 220
Tiramisu vom Liebstöckel 211
Topfenpalatschinken 225
Topfenpalatschinken-Torte 249
Wiener Schnitzel (Panade) 195
Wiener Schnitzel von Zander (Panade) 142

Ente
Entenconfit 193
Gebratene Entenbrust 174

Fisch 137
Huchenfilets mit Knoblauch und Zitrone 138
Karotten-Steckerlfisch vom Saibling 145
Rollmops von der Seeforelle 141
Scampi mit Chili und Ingwer 149
Wallerfilets in Tomatenfond 137
Wiener Schnitzel vom Zander 142
Fleisch
Garprobe (Schmorgerichte) 254
Fond
Geflügelfond 41
Gemüsefond 43
Tomatenfond 42
Gänseblümchensuppe 72
Gemüsenudeln 108
Glasiertes Gemüse 108
Gnocchi
Brotgnocchi 107
Olivengnocchi 107
Steinpilzgnocchi 107

Hähnchen
Backhendl 201
Hendlbrust 62
Himbeeren
Bayrisch Creme mit Himbeeren 214
Holunder
Hollerblütensirup 46
Hollerkücherl 222

Kalb
Cordon bleu 199
Gebackener Tafelspitz 202
Kalbsbrust mit Brezen-Weißwurst-Liebstöckelfüllung 162
Kalbsschulter 186
Krautwickerl von Kalbsfilet 177
Münchner Schnitzel 196
Tafelspitz 183
Wiener Schnitzel 195
Karotte
Gelbes Karottengangerl 82
Gelbes Karotte-Passionsfrucht-Gangerl 81
Gemüsenudeln 108
Glasiertes Gemüse 108
Karottengangerl von der Urkarotte 82
Karotten-Steckerlfisch 145
Kartoffelpüree mit Gemüse 124
Kartoffel
Bratkartoffeln 123
Erdäpfelkas 57
Fingernudeln 127
Kartoffeldressing 67
Kartoffel-Gnocchi 116
Kartoffelknödel 115
Kartoffel-Marillen-Knödel 219
Kartoffelpüree mit Gemüse 124
Kartoffelpüree mit Oliven 124
Klassisches Kartoffelpüree 124
Paunzen 116
Powidltascherl 226
Reiberdatschi 123
Schnelle Kartoffelknödel 116
Schupfnudeln 127
Käse
Allgäuer Käsespätzle 95
Bayrischer Obatzda 52
Bayrischer Linsensalat mit Burrata 68
Tomate-Mozzarella 65
Kasknödel 121
Knödel
Abgeröstete Knödel 116
Beteknödel 100
Brennnesselknödel 121
Brezenknödel 121
Hechenberger 180
Kartoffelknödel 115
Kasknödel 121
Knödelsalat 58
Latschenkiefer-Topfenknödel 102
Schnelle Kartoffelknödel 116
Semmelknödel 97
Speckknödel 121
Knuspermüsli 48
Kraut
Blaukraut 130
Krautwickerl von Kalbsfilet 177
Sauerkraut 133
Senf-Kerndlrahmkraut 133
Kürbis
Kürbissuppe 75
Spätzle mit Kürbis 95

Lamm
Lammrücken 173
Latschenkiefer
Latschenkiefer-Topfenknödel 102
Liebstöckel

Register

Apfel-Selleriesuppe mit Liebstöckel 72
Kalbsbrust mit Brezen-Weißwurst-Liebstöckelfüllung 162
Tiramisu vom Liebstöckel 211
Linsen
Bayrischer Linsensalat mit Burrata 68

Mango
Cocktailsauce mit frischer Mango und Chili 149
Mango-Kuchen 236
Mangomarmelade 49
Panna-Cotta-Tarte 248
Marillen
Kartoffel-Marillen-Knödel 219
Marillenkuchen 240
Marillentopfenknödel 220
Marmelade
Erdbeermarmelade 49
Himbeermarmelade 49
Mangomarmelade 49
Maronen
Maronensuppe 77
Meerrettich
Birnenmeerrettich 183
Meerrettichsuppe 72

Nudeln
Basilikum-Schlutzkrapfen 105
Nudelteig 105
Nudelteig ohne Ei 105
Nuss
Nussmürbeteig 239
Nussbutter 222

Ochs
Chateaubriand im Almheu 179
Hechenberger vom »Chateau im Heu« 180
Roulade von der Ochsenlende 165
Olivenöl 65

Panna-Cotta-Tarte 250
Paprika
Weiße Paprikasuppe 89
Passionsfrucht
Gelbes Karotte-Passionsfrucht-Gangerl 81
Panna-Cotta-Tarte 250
Preiselbeeren 45

Quark 232, 254
Käsekuchen 232
Käsekuchen-Tarte 236
Spätzle mit Topfen 95
Süße Topfenknödel 220

Topfenpalatschinken 225
Topfenpalatschinken-Torte 249

Radieserlblätter
Radieserlblätter-Pesto 86
Radieserlblätter-Suppe 86
Regensburger Biergartensalat 55
Rhabarber
Rhabarberkuchen 242
Rind
Böfflamott 155
Entrecôte 174
Filetsteak 169
Haschee 189
Rindergulasch 185
Rinderlende 161
Rote Bete, s. Bete
Rotweinschalotten 45

Salat
»Cesar«-Salat 61
Feldsalat mit gebackenen Weißwurstradln 67
Salzzitronen 41
Petersilien-Salzzitronen-Suppe 41
Sauce
Cocktailsauce mit frischer Mango und Chili 149
Ochsenschwanzjus 39
Tomatensauce 38
Saure Zipfel 91
Schlutzkrapfen mit Basilikumfüllung 105
Schmand
Mango-Kuchen 236
Schmandkuchen 235
Weihnachtstarte 236
Schnitzel
Münchner Schnitzel 196
Wiener Schnitzel 195
Schokolade
Dunkles Schokoladenmousse 217
Nougatmousse 217
Schokoladenkuchen 247
Schokoladenmousse von der Vollmilchschokolade 217
Schwein
Haschee 189
Schweinebraten 166
Schweinefilet im Kartoffelmantel 177
Sellerie
Apfel-Selleriesuppe mit Liebstöckel 72
Sirup 47
Hollerblütensirup 46
Löwenzahnsirup 47

Waldmeistersirup 47
Spargel
Spargel in Folie 119
Spätzle
Allgäuer Käsespätzle 95
Grundrezept Spätzle 95
Mohnspätzle 95
Spätzle mit Kürbis 95
Spätzle mit Topfen 95
Spinatspätzle 95
Steinpilz
Maronensuppe 77
Steinpilzgnocchi 107
Suppe
– abbinden 82

Teig
Hefeteig 230
Mürbeteig 230
Nudelteig 105
Nudelteig ohne Ei 105
Nussmürbeteig 239
Rührteig 231, 245
Tomaten
Gelbes Paradeiser-Gangerl 78
Grünes Tomatenconfit 44
Rotes Paradeiser-Gangerl 78
Tomate-Mozzarella 65
Tomatenfond 42
Weißes Paradeiser-Gangerl 78
Topfen, s. Quark

Weißwurst
Feldsalat mit gebackenen Weißwurstradln 67
Kalbsbrust mit Brezen-Weißwurst-Liebstöckelfüllung 162
Wild
Geschmorte Hirsch- und Rehschulter 159
Hirsch- oder Rehkeule 159
Rehrücken 173

Zucchini
Gemüsenudeln 108
Glasiertes Gemüse 108
Kartoffelpüree mit Gemüse 124
Zwetschgen
Kartoffel-Zwetschgen-Knödel 219
Powidltascherl 226
Zwetschgenkuchen 239
Zwetschgentopfenknödel 220

Eine kleine Warenkunde

Abschmecken
Würzen Sie unbedingt immer nach Ihrem Geschmack – und schmecken Sie entsprechend ab. Wenn Sie ein Fan eines bestimmten Gewürzes sind, tun Sie's einfach mal rein, probieren Sie's aus.

Amalfi-Zitronen
aus Italien sind deutlich größer und aromatischer als die handelsüblichen Zitronen. Die Menge des Fruchtfleisches und des Safts ist in etwa ähnlich.

Anbraten
Alles Wissenswerte zum Anbraten finden Sie auf Seite 161. Denn das Anbraten ist für den guten Geschmack der Soße ausschlaggebend.

Apfel
Unsere Empfehlungen sind die Sorten Pinova (süßsäuerlich und aromatisch, gut zum Backen), Braeburn (ideal für Kompott, Obstsalat und Saft) und Gravensteiner (eine der wohlschmeckendsten europäischen Apfelsorten).

Birne
Wir im »Moarwirt« verwenden am liebsten die Sorte Williams Christ, die ein besonders gutes und intensives Aroma hat.

Eier
Die verwendete Eiergröße ist M (das sind etwa 50 g pro Ei; ein Eiweiß hat 30 g, ein Eigelb 20 g).

Heu
für das Chateau im Heu bekommt man im Zoo-Fachgeschäft.

Garprobe
Bei Schmorgerichten sollten Sie nach ¾ der Garzeit das Fleisch probieren: Wenn das Fleisch nicht mehr am Schaschlikspieß hängen bleibt, ist es gar.

Latschenkiefernadeln
bekommen Sie in Nachbars Garten oder beim Gärtner nachfragen, ob er ungespritzte Zweige besorgen kann. Alternativ können Sie Latschenkiefersirup oder -öl verwenden.

Kartoffeln
Unsere Sortenempfehlungen: Agria Nicola (vorwiegend festkochend), Annabelle (festkochend) und Agave (vorwiegend festkochend).

Macis
heißt auch Muskatblüte und ist traditionell in der Würzmischung für Weißwürste.

Mengenangaben
Alle Rezepte sind für vier Personen berechnet. Die Kuchen sind für Springformen mit einem Durchmesser von 28 cm angegeben.

Nussbutter
ist geschmolzene und gefilterte Butter (siehe Seite 222).

Panko
ist japanisches Paniermehl, das aus Weißbrot ohne Kruste hergestellt wird und daher meist heller ist als das handelsübliche Paniermehl. Mit Panko panierte Speisen bekommen nach dem Braten eine besonders knusprige Schicht.

Piment d'Espelette
ist ein Chilipulver aus der Chilisorte Espelette, das etwas milder als das uns gut bekannte Cayenne ist, aber noch aromatischer, mit einer fruchtig-süßen und zugleich leicht rauchigen Note.

Quark
verwenden wir immer mit 20–40% Fett i. Tr. Das verhindert, dass die Gerichte bröselig und trocken werden. Für Rezepte mit abgetropftem Quark, den Quark in ein nasses Geschirrtuch geben, über eine Schüssel hängen und über Nacht abtropfen lassen, am nächsten Tag noch einmal gut ausdrücken. Wenn's schnell gehen soll, in einem nassen Geschirrtuch ausdrücken. Dabei verliert der Quark etwa ⅓ bis ½ seines Gewichtes.

Tannensprößlinge
bekommen Sie in Nachbars Garten oder beim Gärtner (auf ungespritzte Sprößlinge achten).

Topfen
ist dem Quark sehr ähnlich, aber trockener.

Wiener Griessler
ist ein doppelgriffiges Mehl, das eine gröbere Körnung als normales Mehl und ausgezeichnete Backeigenschaften hat. Es klumpt nicht so leicht und Teige werden damit sehr elastisch.

Frisch geriebenen Meerrettich
können Sie auch kaufen – nicht so gut geeignet ist Sahnemeerrettich.

Impressum

Florian Lechner

ist 1973 in München geboren und aufgewachsen. Die Wochenenden hat er meist bei den Großeltern auf dem Hof im Chiemgau verbracht. Schon im Alter von 10 Jahren hat er sich das erste Kochbuch gekauft und mit 13 Jahren in einem Restaurant gespült. Konsequenterweise folgte dann natürlich eine Kochlehre und viele Stationen in allen Bereichen der Gastronomie. Seit 2001/2002 selbstständig und Pächter und Chefkoch des »Moarwirt« in Hechenberg. Er liebt das Bodenständige und das bestmögliche Produkt. Daher ist ein enger Kontakt zu Lieferanten und Produzenten unerlässlich. Sein größter Wunsch: das bestmögliche Wirtshaus im Herzen von München zu führen.

Mein besonderer Dank …

Großer Dank gilt meiner langjährigen Mitarbeiterin Tanja Timme (im Bild), ohne die ich dieses Buch nie verwirklicht hätte. Vielen lieben Dank, Tanja!
Natürlich möchte ich auch meinem kompletten Team und Oliver, mit dem vor 6 Jahren die Idee entstand, danken – genauso wie meiner Frau Maria und dem Rotzlöffel Vincent …

Impressum

Bibliografische Information der Deutschen Nationalbibliothek
Die Deutsche Nationalbibliothek verzeichnet diese Publikation in der Deutschen Nationalbibliografie; detaillierte bibliografische Daten sind im Internet über http://dnb.d-nb.de abrufbar.

 BLV Buchverlag GmbH & Co. KG
80797 München

© 2013 BLV Buchverlag GmbH & Co. KG, München

Das Werk einschließlich aller seiner Teile ist urheberrechtlich geschützt. Jede Verwertung außerhalb der engen Grenzen des Urheberrechtsgesetzes ist ohne Zustimmung des Verlags unzulässig und strafbar. Das gilt insbesondere für Vervielfältigungen, Übersetzungen, Mikroverfilmungen und die Einspeicherung und Verarbeitung in elektronischen Systemen.

Bildnachweis
Fotos: Peter Raider
Styling: Monika Noderer, www.blumen-hof.net
Foodstyling: Florian Lechner, Tanja Timme
S. 29ur/Hintergrund: James Rizzi: HEAD TRIP, Papierskulptur, 1996/© Art 28, www.art28.com
S. 80/Hintergrund: James Rizzi: TOUCH SOMEONE WITH YOUR THOUGHTS, WITH YOUR HEART, WITH YOUR EYES, WITH YOUR FINGER, AND WITH E-MAIL, Papierskulptur, 2001//© Art 28, www.art28.com
S. 96/Hintergrund: Time & Life Pictures/Getty Images
S. 171/Hintergrund: Peace, 2011, Michael von Hassel
S. 188/Hintergrund: Time & Life Pictures/Getty Images
S. 194/Hintergrund: © 2013 The Andy Warhol Foundation for the Visual Arts, Inc. / Artists Rights Society (ARS), New York
S. 200+234/Hintergrund: www.Lemberg.de; VG Bild-Kunst, Bonn 2013
S. 206/Hintergrund: Irregularities, 2010, Michael von Hassel
Illustrationen: Thomas Neumann/Identity Pool Neumann

Vielen Dank an die Firma Kustermann (München) für die Bereitstellung von Geschirr für das Fotoshooting.

Umschlagkonzeption: Kochan & Partner München
Umschlagfotos:
   Vorderseite: Thomas Neumann/Identity Pool Neumann
   Rückseite: Peter Raider (rechts, links) Thomas Neumann (Mitte)

Lektorat: Sarah Weiß
Redaktionelle Mitarbeit und Texte S. 12–35: Cornelia Trischberger
Herstellung: Angelika Tröger
Layoutkonzept Innenteil und DTP: griesbeckdesign, München

Gedruckt auf chlorfrei gebleichtem Papier

Printed in Germany
ISBN 978-3-8354-1151-7

Hinweis
Das vorliegende Buch wurde sorgfältig erarbeitet. Dennoch erfolgen alle Angaben ohne Gewähr. Weder Autor noch Verlag können für eventuelle Nachteile oder Schäden, die aus den im Buch vorgestellten Informationen resultieren, eine Haftung übernehmen.

Dirndl, Lederhose & Fingerfood

Florian Lechner, Tanja Timme
Bayrische Tapas
Bayrische Spezialiäten im Mini-Format – einfache, originelle Rezepte, raffiniert präsentiert ·cVon Birnen-Apfel-Obatzda über Kautwickerl mit Spanferkel und Fleischpflanzerl im Laugensemmelmantel bis zu Bayrisch Creme-Parfait · Mit Getränketipps und Menüvorschlägen für verschiedene Anlässe, z.B. für Last-Minute-Einladungen oder fürs Picknick.
ISBN 978-3-8354-1067-1